Frauen & Business

Liebe Margarita

Hoffe die Überraschung ist gelungen.
Liebe deine Energie & deine Arbeit
sehr. Freue mich dich näher
kennen zu lernen. Möge dir das
Buch Klarheit schenken für
deine Ziele & dein Business.

Deine Daimond

Mein aufrichtiger Dank gilt

Daniel Huchler

Ohne seine Motivation und seine Inspiration
wäre dieses Buch nicht entstanden

Karina Madeja

Für das Layout und die Covergestaltung

FRAUEN & BUSINESS
by Ramona Perfetti ®

Nahbare Persönlichkeitsentwicklung, kompetente Businessberatung durch Seminare, Trainings und Netzwerk sind Inhalte und Werte unserer Philosophie.

Deine Notizen

Unsere Events

frauenundbusiness.de

Ramona Perfetti

Frauen & Business

Wertvolle Tipps aus dem Businessleben
zur sofortigen Umsetzung

Bibliografische Information der Deutschen Nationalbibliothek
Die Deutsche Nationalbibliothek verzeichnet diese Publikation
in der Deutschen Nationalbibliografie; detaillierte bibliografische Daten sind im
Internet über http://dnb.d-nb.de abrufbar.

© 2022 Ramona Perfetti
Immobilienfachwirtin
3.Auflage
Herstellung und Verlag: BoD – Books on Demand, Norderstedt
ISBN: 978-3-75349-061-8

Inhaltsverzeichnis

Inhaltsverzeichnis 5
Vorwort Daniel Huchler 6
Vorwort 10
Arbeite mit dem Buch 13
Wer bist du? 14
Deine Geschichte 30
Deine Ziele 39
Dein Warum 54
Warum „Frauen & Business" 62
Die 5 Erfolgsprinzipien einer erfolgreichen Frau 69
1. Erfolgsprinzip: Erkenne deinen Wert! 71
2. Erfolgsprinzip: Dein Track-Record! 78
3. Erfolgsprinzip: Sei charmant & professionell 84
4. Erfolgsprinzip: Achte auf deine Sprache und deine Haltung! 90
5. Erfolgsprinzip: Wenn du unterschätzt wirst – zieh sie über den Tisch! 100
Entfalte deine Berufung 108
Nimm die Abkürzung! 116
Leadership 121
Die Macht des Netzwerks 140
Löst euch endlich von den Männern! 145
Frauen sind wesentlich stärker als Männer! 158
Mich erfüllt unendliche Dankbarkeit! 161
Meine Dienstleistung 165
Meine Danksagung 173
Vita von Ramona Perfetti 175

Vorwort Daniel Huchler

Liebe Leserin, lieber Leser,
liebe Ramona,

das Vorwort als Coach für Ramona schreiben zu dürfen, ist eine wundervolle und großartige Wertschätzung. Ramona ist so eine starke Powerfrau mit einer unglaublichen Geschichte, und ich bin so stolz auf sie. Schon beim ersten Kennenlernen auf meinem Durchstarter-Seminar habe ich bemerkt, wie viel Potenzial in Ramona steckt und dass sie ausbrechen will und dass sie mehr in sich selbst sieht. Ramona entschied sich, auf einem meiner Seminare für ein VIP-Coaching mit mir. Sie entschied sich auch für eine Speakerausbildung bei meinem Mentor Ernst Crameri.

Damit lernte ich Ramona und ihre Geschichte noch näher kennen, da wurde mir richtig bewusst, was für ein Geschenk die liebe Ramona für die Welt ist. Als Ramona ins Coaching einstieg, war sie noch Angestellte und im Glauben, dass sie dies auch bleiben möchte. Dies änderte sich dann, als ihre Mission „Frauen & Business" entstand. Die Mission, Frauen in die Unabhängigkeit und Freiheit zu führen. Diese Mission gab ihr unendlich viel Kraft und Lebensfreude. Deshalb startete sie auch sofort mit ihrem Seminar durch und hatte unglaublichen Erfolg. Ramona ist eine wahre Meisterin in der Umsetzung. Sie schrieb dieses Buch in nur 2,5 Tagen, eine absolute Meisterleistung, und nach nur drei Monaten nach dem Coaching ist Ramona nun selbstständig.

Dieses Buch ist ihr erstes Buch und ihr absolutes Herzensthema: Frauen und Business. Frauen haben so wundervolle Eigenschaften und so unendlich viel Potenzial. Nur leben es viele Frauen nicht aus, und das ist so unendlich schade. Viele Frauen leben nicht ihr eigenes Leben, sondern geben sich selbst auf für andere. Die andere Variante ist, dass Frauen im ständigen Kampf gegen Männer sind, dabei ist eine solche Einstellung nicht zielführend, haben doch beide Geschlechter so wunderbare Eigenschaften und diese gilt es, als Synergien zu nutzen. In unserer Gesellschaft sind wir allerdings noch weit davon entfernt, weshalb dieses Buch und die Seminare von Ramona so unendlich wertvoll sind.

Das Buch startet damit, dass du dir erst einmal bewusst wirst, wer du bist, eine der wichtigsten Fragen überhaupt. Deine absolute Basis, und damit zählt auch deine Geschichte dazu. Wer bist du, und wer bist du wirklich? Was willst du, und was willst du wirklich? Wenn du dir hier im Klaren bist, dann folgt der nächste Schritt mit deinen Zielen. Ziele sind unfassbar wichtig, weisen sie dir doch den Weg und geben dir Orientierung. Damit das Ziel noch die entsprechende Würze bekommt, führt dich Ramona in dein „Warum" ein. Was ist dein Antrieb, was lässt dich aufstehen, Risiken eingehen und einfach unaufhaltbar werden.

Durch die schon jahrzehntelange Erfahrung von Ramona hat sie ein eigenes Konzept entwickelt und gibt dir fünf Erfolgsprinzipien an die Hand. Mit diesen fünf Prinzipien kommst du in eine unglaubliche Freiheit als Frau. Du bist mit deiner Einzigartigkeit ein so wertvoller Mensch. Das ist auch bereits das erste ihrer Prinzipien. Erkenne deinen wahren Wert. Nicht das, was dir andere irgendwie einreden oder was du durch Zertifikate oder Auszeichnungen darstellst. Deinen wahren inneren Wert, du bist ein Rohdiamant, der von einem anderen Diamanten geschliffen wird und durch den Schliff einen noch viel höheren Wert bekommt.

„Wessen wir im Leben am meisten bedürfen, ist jemand, der uns dazu bringt, das zu tun, wozu wir fähig sind."
Ralph Waldo Emerson

Das ist mein absoluter Leitsatz, du schaffst es allein nicht in dein volles Potenzial und deine Freiheit zu gelangen. Deshalb suche dir jemanden, der dich an die Hand nimmt. Ramona macht es so wunderbar vor. Sie selbst nimmt die Hand an und lässt sich in ihr volles Potenzial führen. Genau wie sie selbst auch anderen Menschen die Hand reicht, so großartige Arbeit leistet und so vielen Frauen hilft. Sich jemanden an die Seite zu holen, ist der absolute Königsweg. Es gilt hier jedoch sehr darauf zu achten, wer das ist. Ramona gibt dir einen tiefen Einblick, worauf es ankommt, als Frau erfolgreich zu sein und die eigene Weiblichkeit auch voll und ganz auszuleben. Lass dich nie mehr klein machen, lass dich nicht auf einen Kampf ein, sondern lebe deine Genialität mit Leichtigkeit. Eine meiner Mentorinnen hat folgenden Satz geprägt:

„Ich mache mir die Welt, wie sie mir gefällt!"
Pippi Langstrumpf

Genauso ist es auch im Leben, du selbst entscheidest, was für ein Leben du leben willst. Mit der richtigen Einstellung wird alles einfacher und leichter. Arbeite mit diesem Buch, damit du das Gelesene auch anwenden und verinnerlichen kannst. Es stecken so viele Goldnuggets im Text. Frauen wie du eine bist, braucht diese Welt, denn du bist einzigartig, wundervoll, wertvoll und genial. Dieses Buch von Ramona Perfetti wird dein Leben verändern und bereichern. Ich wünsche dir alles Liebe und Gute für deinen Lebensweg.

Herzlichst dein Daniel Huchler

Vorwort

Liebe Leserin,

danke, dass du dich für deine Entwicklung entschieden hast! Du bist das Wichtigste in deinem Leben und das Einzige, womit du dich beschäftigen sollst!

Du bist eine wunderbare Frau, und in dir steckt wesentlich mehr, deshalb lebe es! Lebe dein volles und vor allem weibliches Potenzial aus! Wir Frauen haben grandiose und enorme Gaben und Talente, die es gilt zu entfalten und nach außen zu tragen, um im Business und im Beruf erfolgreich zu sein.

Selbstwert, Selbstbewusstsein, Selbstvertrauen und Selbstliebe sind das Fundament deiner Entfaltung. Deine Entscheidung, dieses Buch zu kaufen, ist bereits ein Schritt, deinen Selbstwert zu steigern. Merke dir Folgendes: Du darfst, du kannst, du willst, du machst!

Es ist das Allerwichtigste, für dich selbst einzustehen und deinen Weg zu gehen, denn auch Frauen dürfen, können, wollen und machen Business!

Das Schlimmste, was eine Frau machen kann, ist sich schlecht behandeln und unterkriegen zu lassen. Eine wundervolle Frau hat uns das Leben geschenkt, daher nutze dieses kostbare Geschenk und mach aus deinem Leben eine Meisterleistung und ein Kunstwerk! Dein Wille, dein Drang, deine Lust und dein Können stecken in dir! Lass es raus und trau dich!

Dich hat der Titel angesprochen, das große Thema „Frauen & Business"! Die meisten Frauen wären gerne erfolgreich und an der Spitze, doch trauen sich nicht, es auszusprechen oder sich für diese

Positionen weiterzuentwickeln. Sie sind verwundert, wenn andere Frauen zu großartigen Ergebnissen kommen und denken sich, das kann nicht mit rechten Dingen zugehen. „Die kennt bestimmt jemanden, der sie befördert oder da eingestellt hat!" Lege diese Gedanken weg, denn allein was zählt, sind deine Absicht und deine Ergebnisse! Erfolg haben bedeutet nicht, etwas geschenkt zu bekommen. Im Gegenteil: lernen, hart arbeiten und umsetzen ist die so einfache und klare Regel!

Freue dich darüber, dass du dich für dieses Buch entschieden hast, um endlich als Frau Klarheit zu bekommen, wie Erfolg funktioniert und wie du es für dich umsetzen kannst.

Dein Leben ist dein Meisterwerk! Stell dir vor, eines Tages auf dein Leben zurückzublicken und mit vollem Stolz und voller Dankbarkeit zu sagen, dass du wahrlich alles, aber auch wirklich alles, gegeben hast! Du hast dieses Leben, so nutze es in vollen Zügen und genieße deine Erfolge und deine Ergebnisse! Denk nicht, das sei arrogant und nichts für Frauen! Auch wir Frauen haben das Recht, stolz und dankbar für unsere Erfolge zu sein! Lerne mit diesem Buch, wie und welche Skills dafür notwendig sind.

Ich wünsche dir von ganzem Herzen die Power, den Mut und die Klarheit, dass du dein Leben endlich wie eine Business-Lady lebst. Erfüllt, weiblich und erfolgreich!

Deine Ramona Perfetti

Dein Leben ist dein Meisterwerk!

Arbeite mit dem Buch

Dieses Buch ist ein Buch, das dich in deiner Entwicklung begleiten soll, daher arbeite damit! Schreibe, kommentiere, mach dir Notizen über deine Gedanken, deine Wünsche und deine Ziele!

Du findest in den einzelnen Kapiteln immer wieder freie Zeilen, um die Aufgaben mit deinen Themen zu füllen. Überfliege nicht die Zeilen, die Seiten und das Buch – dafür habe ich nicht all meine Kraft und Energie gegeben.

Lass diese Kraft und diese Energie zu dir fließen, indem du Seite für Seite deine Erkenntnisse notierst!

Habe immer einen Stift und Farbstifte zur Hand

Deine geschriebenen Worte sind so wertvoll, denn sie prägen dein Unterbewusstsein, und so merkst du dir das Gelesene viel besser und leichter. Markiere dir Sätze, die dir besonders gut gefallen haben und die du direkt umsetzen willst, so findest du es auch schneller, wenn du es brauchst. Trau dich! Das Buch gehört dir ganz allein! Im ersten Moment klingt das merkwürdig, ein Buch zu „bekritzeln", doch vertraue mir, das Ergebnis wird dich verblüffen und begeistern!

Setze das Gelesene um

Du kannst eine Million Tipps bekommen, wenn du keinen davon umsetzt, wirst du keine Ergebnisse erzielen. Daher setze deine Erkenntnisse direkt im Alltag um, sodass du deine Ziele erreichst. Wie eine Bäuerin, die diese Geduld hat und erntet, was sie gesät hat. Habe den großen Anspruch an dich selbst, großartige Ergebnisse zu erzielen! Mach dich selbst stolz und glücklich!

Wer bist du?

Bevor du dir Gedanken machst, wo und wie deine Zukunft aussehen soll, ist es sehr wichtig, dass du dir im Klaren bist – wer bist du?

Nimm dir die Zeit, die Ruhe und die Offenheit, diese Frage zu beantworten. Diese Ehrlichkeit schenkt dir Klarheit und ein Bewusstsein für dein Sein und deinen Sinn.

Wenn wir eine Reise antreten, machen wir uns bereits Wochen vorher Gedanken über den Ablauf. Über den Koffer, der gepackt werden soll, wir kontrollieren den Wetterbericht, um alle Eventualitäten zu betrachten. Wird es kalt sein, nehmen wir Pulli, Schal und dicke Socken mit. Geht es an den Strand, nehmen wir Bikini, Strandkleider und Sandalen mit. Geht es auf eine Städtereise, nehmen wir gutes Schuhwerk mit. Wir fangen 1 bis 2 Wochen vorher an, all diese Kleider zu waschen, trocknen, bügeln und legen sorgfältig alles in den Koffer. Wir schreiben Check-Listen und gehen alles nochmal durch, sodass wir nichts vergessen. Und ja nicht die Notfall-Apotheke. Ihr seht, ich könnte beliebig weiter auflisten, denn es gibt noch so viel mehr, was wir vor einer Reise überdenken.

Dann kommt der Tag der Abreise, und nehmen wir an, wir fahren mit dem Auto los. Wir beladen das Auto, steigen ein und geben im Navi ein Ziel ein. Doch das GPS muss wissen, wo du gerade stehst, bevor es die Route errechnet und dir den Weg zeigt.

Diese Reisemetapher soll dir bewusst machen, wie umfangreich die Reise deines Erfolges ist und wie wertvoll es ist, sich vorher klarzumachen, WO man gerade steht und WOHIN deine Reise dich hinführen wird. Und alle deine Kleidungsstücke, die dich auf deiner Reise und an deinem Ziel begleiten, das sind deine Fähigkeiten.

Wer bist du wirklich?

Welche Eigenschaften machen dich und deine Persönlichkeit aus? Mache dir bewusst, was genau dich von anderen Menschen oder auch von anderen Frauen unterscheidet. Schließe deine Augen und fühle in dich hinein.

Notiere deine Gedanken:

1.) _____
2.) _____
3.) _____
4.) _____
5.) _____

Welche körperlichen Eigenschaften machen dich aus?

Betrachte deinen Körper genau und mache dir bei jeder einzelnen Stelle bewusst, was dich ausmacht. Was unterscheidet dich von anderen Menschen oder von anderen Frauen? Hast du Muttermale oder Narben, kleine oder große Brüste, einen kleinen oder großen Bauch, notiere es. Ganz wichtig ist, dass du nicht in die Bewertung gehst, sondern dich bewusst wahrnimmst – so wie du bist! Dein Körper und dein Erscheinungsbild sind ein Geschenk, so nimm dieses Geschenk an und betrachte dich mit Liebe und Zuneigung.

Notiere hier deine körperlichen Eigenschaften, die dich einmalig und einzigartig machen:

1.) _____

2.) _____

3.) _____

4.) _____

5.) _____

Liebe dich und deine einzigartigen Eigenschaften und werde dir deines Wertes bewusst. Du bist eine wertvolle Frau!

Was sind deine Fähigkeiten und Skills?

Jetzt betrachten wir deine Fähigkeiten und Skills, denn genau das unterscheidet uns als Menschen. Unser Verstand, unser Können, unsere Emotionen. Bist du besonders sorgfältig, organisiert, lustig, vorlaut, charmant, freundlich, kommunikativ – was macht dich genau aus?

1.) _____

2.) _____

3.) _____

4.) _____

5.) _____

All unsere Fähigkeiten haben wir uns im Laufe des Lebens angeeignet, und die Dinge, die wir besonders gut tun, haben wir verstärkt. Warst du als Kind sehr diszipliniert und hast dich sportlich gerne betätigt, so ist es sehr wahrscheinlich, dass du jetzt als erwachsene Frau auch sehr diszipliniert bist und regelmäßig Sport betreibst. Alle Erfahrungen und Erlebnisse haben uns geprägt, positive als auch negative Erlebnisse. Unterbewusst haben wir all das gespeichert und erinnern uns nur an die Dinge, die uns emotional stark berührt oder betroffen haben.

Deine Erinnerungen prägen dich

Mit all unseren Erinnerungen und Erfahrungen gehen wir durchs Leben und sammeln tagtäglich immer mehr Eindrücke und Emotionen, daher ist es sehr wichtig, sich auf unserer Lebensreise immer wieder bewusst zu machen, wo wir stehen und wer wir sind! Unsere Körperzellen sind in ständiger Veränderung, wir wachsen, wir altern und wir formen uns weiter. So ist es mit unserem Charakter und unseren Fähigkeiten – denn die täglichen Erlebnisse verändern unser Unterbewusstsein, unsere Gedanken und unsere Emotionen.

Bleibe niemals so, wie du bist!

Oft bekommen wir zum Geburtstag die allerbesten Wünsche und viele sagen „Alles Gute zum Geburtstag, du bist wundervoll – BLEIB SO, WIE DU BIST!" Da muss ich schon schmunzeln, denn in meiner Welt bleibe ich bestimmt nicht so, wie ich bin – auf gar keinen Fall. Das ist bereits biologisch undenkbar. Ich frage mich wirklich, wer diesen Spruch erfunden hat.

So wie wir uns körperlich verändern, so verändern wir uns täglich seelisch. Akzeptiere bewusst diese Veränderungen und freue dich täglich auf deine neue Person. Sei dankbar für deine Entwicklung, denn die Gewissheit weiterzuwachsen, gibt dir viel Kraft und Dankbarkeit!

Was sind deine Erlebnisse?

Ebenso ist es wichtig, dir bewusst zu machen, welche Erlebnisse dich in deinem Leben, in der Kindheit, in der Jugend und im Erwachsenenalter geprägt haben. Betrachte die im ersten Moment scheinbaren Tiefpunkte. Ich sage bewusst scheinbar, denn jeder Tiefpunkt im Leben ist ein Wendepunkt!
Diese Wendepunkte sind so wertvoll, denn daraus entstehen wunderbare und starke Eigenschaften.

Meine Erlebnisse haben mich geprägt

Als Kind bin ich zweisprachig aufgewachsen, und in der Grundschule hatte ich die Herausforderung, nur in einer Sprache zu schreiben. Ich mischte immer wieder italienische Wörter ein. Meine Lehrerin machte das wahnsinnig und sie drohte meinen Eltern, dass, wenn ich so weitermachte, ich gewiss in die Hauptschule müsse. Für meine Eltern war es hinsichtlich des Stellenwertes des Niveaus nicht schlimm, hinsichtlich der Entfernung schon, da die Hauptschule weiter weg war als die Realschule, sodass sie mir täglich einredeten, dass ich in die so weit entfernte Schule gehen müsse, wenn ich meine Deutschnote nicht verbesserte. Als Kind konnte ich die Entfernungen nicht einschätzen. Heute muss ich wirklich darüber lachen, denn beide Schulen haben fast die gleiche Entfernung. Aber zu dem Zeitpunkt war das für mich ein erstes großes Drama. Die 4. Klasse war für mich die erste wahre Herausforderung im Leben, denn ich wollte nicht in die ja so weit entfernte Schule gehen.

Die 4. Klasse war für mich die erste wahre Herausforderung im Leben.

FRAUEN &
BUSINESS
by Romina Perfetti

Wie sich mein Ehrgeiz entfaltet hat

Mit diesem Erlebnis habe ich als Kind erstmalig den Ehrgeiz für mich entdeckt und war so sehr angespornt, mein ganz persönliches Ziel zu erreichen. Ich hatte so viel Spaß beim Lernen, ging freiwillig zur Nachhilfe und freute mich sehr, als der nächste Termin anstand. Jeden Tag kam ich von der Schule nach Hause und setzte mich umgehend an den Schreibtisch und erledigte meine Hausaufgaben, denn ich hatte ein Ziel: auf die Realschule zu kommen.

Was glaubt ihr, habe ich am Ende der 4. Klasse erreicht? Die Versetzung auf die Realschule!

So ging es für mich in die Realschule als sehr ehrgeiziges Kind weiter. Die gesamte Schulzeit über behielt ich bis zum Abschluss meine hohe Motivation, denn eines hatte ich im Kopf – eines Tages meiner Grundschullehrerin zu zeigen, was aus mir geworden war: Eine fleißige, intelligente und erfolgreiche Frau, die auf ihren eigenen Beinen steht.

Alle Erlebnisse entfalten neue Eigenschaften in dir!

Denke über deine Erlebnisse nach und notiere, welche Charaktereigenschaften du aus deinen Wendepunkten entwickelt hast:

1.) _____

2.) _____

3.) _____

4.) _____

5.) _____

6.) _____

7.) _____

8.) _____

9.) _____

10.) _____

Was sind deine Leidenschaften?

Im Leben entwickeln wir nicht nur ganz besondere Eigenschaften, sondern auch besondere Leidenschaften. Und diese Leidenschaften, sind die Dinge, die wir besonders gut können und darin Spaß empfinden.

Oft sind es Dinge, die uns leichtfallen, weil wir darin talentiert sind oder es sind herausfordernde Dinge, die uns anspornen.

Spaß und Leichtigkeit als Kind

Ein Beispiel: Viele Kinder empfinden es als Spaß, Sport zu treiben, und es fällt ihnen leicht, sich zu bewegen. Man spricht oft von wahren Talenten, die bereits im jungen Alter von 5 oder 6 Jahren Höchstleistungen erbringen und große Preise und Auszeichnungen mit nach Hause bringen.

Genauso aber auch meine Geschichte, denn die deutsche Sprache fiel mir in dem Alter nicht leicht, doch es spornte mich an, mich anzustrengen, um es meiner Lehrerin zu beweisen, dass ich es natürlich auf die Realschule schaffen würde.

Leidenschaft durch Schmerz oder Freude

Das Lernen wurde zu einer wahren Leidenschaft, weil ich die Schmerzen vermeiden wollte, auf eine andere Schule gehen zu müssen.

Leidenschaft entwickelt sich also aus Freude oder auch durch Schmerz. Im Wort selbst steckt das *Leiden*.

Entweder du leidest, wenn du dieser Sache nicht nachgehst, weil es dir so sehr Spaß macht und du dich bereits, wenn du es einmal ausfallen lässt, danach sehnst. Oder die schmerzliche Variante: Du gehst dieser Sache nach, um deine Schmerzen zu lindern.

Was sind deine Leidenschaften?

Denke über deine Leidenschaften nach, die du über die Jahre entwickelt hast und den Grund. Aus Freude oder Schmerz?:

1.) _____ **Warum?**_____

2.) _____ **Warum?**_____

3.) _____ **Warum?**_____

4.) _____ **Warum?**_____

5.) _____ **Warum?**_____

Wie du siehst, kommst du deiner Frage „Wer bist du?" immer ein Stück näher, und es ist so wertvoll, dass du dir bewusst diese Zeit nimmst, um diese Fragen zu beantworten.

Kindheitsträume

Als Kind hatten wir sehr große Träume und viele Wünsche, und mit dem Heranwachsen haben wir sie entweder vergessen oder sie wurden von Dritten wie Luftblasen zerplatzt. Sätze wie „Jetzt übertreib doch nicht!" „Das gehört sich nicht!" „Das schaffst du sowieso nicht!" haben unsere wunderschön gesponnenen Träume in Luft aufgelöst. Aber gerade dieses Träumen machte uns als Kind glücklich.

Ich saß in meinem Kinderzimmer auf dem Boden im Schneidersitz, umgeben von meinen Barbies und meinen Puppen. Ich kleidete sie ein, kleidete sie wieder aus. Tagein, tagaus. Ich malte mir die buntesten und wildesten Geschichten aus und stellte mir vor, wie ich als große und erwachsene Ramona all diese Kleider kaufen würde, die ich mir nur wünschen kann. Ich träumte von einem riesen-großen rosa Barbie-Cabrio, mit dem ich in meine selbstgebaute Villa vorfahren würde. Ich war wirklich ein lebhaftes, offenes und sehr witziges Kind.

Man sagt ja, dass Kinder immer die Wahrheit sagen. Träumen ist eines der schönsten und ehrlichsten Geschenke. Träume, meine Liebe! Träume und male dir die buntesten und schönsten Wünsche aus.

Verliere niemals das kleine Kind in dir, denn diese Leichtigkeit und Ehrlichkeit bringt dir Spaß und vor allem ganz viele Freunde!

Was sind deine Träume?

Um deinen Gedanken freien Lauf zu lassen, folgen nun zwei sehr wertvolle Aufgaben, die mein Weltbild verändert haben und vor allem meine Träume wieder geweckt haben.

Angenommen, Angst spielt in deinem Leben keine Rolle, was würdest du tun?

1.) _____
2.) _____
3.) _____
4.) _____
5.) _____
6.) _____
7.) _____
8.) _____
9.) _____
10.)_____

Konzentriere dich nun auf die wesentlichen drei Punkte, für die du am meisten brennst und notiere sie hier:

1.) _____

2.) _____

3.) _____

Und notiere das, was du am liebsten jetzt sofort umsetzen würdest, angenommen, die Angst spielt keine Rolle:

1.) _____

Lass dieses Gefühl kurz auf dich wirken und notiere hier, was es genau mit dir macht. Spürst du einen Aufwind von unten, einen Schubser von hinten oder einen Druck von oben? Beantworte diese Frage offen und ehrlich:

_____

_____

_____

Die nächste wertvolle Aufgabe lautet, angenommen, Geld spielt in deinem Leben keine Rolle, was würdest du tun?

1.) _____

2.) _____

3.) _____

4.) _____

5.) _____

6.) _____

7.) _____

8.) _____

9.) _____

10.)_____

Konzentriere dich nun auf die wesentlichen drei Punkte, für die du am meisten brennst und notiere sie hier:

1.) _____

2.) _____

3.) _____

Und notiere das, was du am liebsten jetzt sofort umsetzen würdest, angenommen, Geld spielt keine Rolle:

1.) _____

Na, wie fühlt es sich jetzt an? Fühle auch hier in dich hinein, ist es ein Gefühl von Freiheit, ein Gefühl des Drucks oder ein Gefühl der Ungewissheit:

Beantworte diese Frage offen und ehrlich:

_____

_____

_____

Dein Fazit von diesen beiden Aufgaben:

_____

_____

All diese Aufgaben und Fragen bringen dich Stück für Stück deinem Kern näher, und ich freue mich sehr, dich auf diesem Weg begleiten zu dürfen. Dieser Weg ist dein Weg zur Selbsterkenntnis. Dich selbst zu erkennen, ist wie dich erstmalig im Spiegel zu betrachten. Genau dafür ist ein Coach da, um die Wahrheit zu spiegeln, damit du, meine Liebe, dich genauso betrachtest, wie du bist.

Die Reise und der Weg zur Selbsterkenntnis können, müssen aber nicht, teilweise auch schmerzhaft sein, und es können viele Tränen fließen. Lass diese Tränen zu, denn sie sind heilsam und bringen dir viel Klarheit. Der Weg bringt dir jedoch auch viele Freunde und Befriedigung, weil du dich endlich siehst und spürst. Du spürst tief in dich hinein und erkennst, was für eine wundervolle und wertvolle Persönlichkeit und vor allem was für eine einzigartige und kräftige Frau du bist! Deine Selbsterkenntnis bringt dir Klarheit in Bezug auf deine 4 S:

Dein Selbstwert
Dein Selbstbewusstsein
Dein Selbstvertrauen
Deine Selbstliebe

Erträume und wünsche dir all das, was dein Herz begehrt, und vor allem traue dich, groß zu träumen!

Du darfst, du kannst, du willst, du machst! Mach es einfach!

Der Kurs zum Buch

Die ersten Seiten haben dir bereits sehr gut gefallen und du willst noch intensiver mit diesem Buch arbeiten?

Passend zu dem Buch habe ich einen Videokurs mit einem 12 Wochen Programm für dich. Dort arbeiten wir zu den einzelnen Kapiteln noch intensiver mit Workbooks, Mindmaps und Erläuterungen. Hierzu schenke ich dir 3 individuelle Strategiegespräche mit mir.

Scanne den QR-Code und ziehe noch mehr Wissen aus diesem Buch.

FRAUEN & BUSINESS
by Ramona Perfetti

DER KURS ZUM BUCH

01 Einführung

02 Dein Fundament

03 Die 5 Erfolgsprinzipien

04 T.U.N.

05 Unabhängigkeit

06 Frauen & Business

12-Wochen Programm

Workbooks, Mindmaps

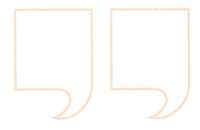

Dich selbst zu erkennen, ist wie dich erstmalig im Spiegel zu betrachten.

Deine Geschichte

Sicherlich hast du bereits den Spruch gehört „Jeder hat sein Päckchen zu tragen". Dieser Spruch ist sehr alt und bedeutet, dass jeder im Laufe seines Lebens auf Grund seiner Erfahrungen und Erlebnisse seinen Anteil an Unglück abbekommt und manchmal auch bittere Erfahrungen macht.

Gerade diese Geschichten sind sehr wertvoll, denn sie prägen uns und entfalten unsere Stärken. Wir tragen selbst die Verantwortung unseres Lebens, daher tragen wir auch selbst unsere Päckchen. Manche tragen Pakete und manch andere tragen ganze Paketverteilzentren mit sich.

Das Leben schenkt uns genau die Herausforderungen, die wir tragen können. Genau diese Herausforderungen lehren uns, wie stark wir doch sind und vor allem wie eigenständig wir sind, denn niemand anderes trägt unsere Päckchen, nur wir ganz allein.

Vor allem die schmerzhaftesten Ereignisse und die Erlebnisse, die uns viele Tränen und Sorgen bereitet haben, genau diese Geschichten, sind sehr wertvoll. Warum?

Genau in diesen Momenten entfalten wir unseren Urinstinkt und unser Urvertrauen. Wir kehren zurück zum Wesentlichen und zum Wichtigsten: zu uns selbst!

Solche Momente können sein:

- Trennungen und Verluste
- Trauer und Krankheiten
- Rückschläge
- Ängste und Blockaden

Was ist deine Geschichte?

Blicke auf dein bisheriges Leben zurück und denke über all deine Päckchen, Pakete oder gar deine Paketverteilzentren zurück. Schau genau hin und notiere hier, welche Geschichten dich geprägt haben:

Private Erlebnisse:

1.) _____ Wann?_____

2.) _____ Wann?_____

3.) _____ Wann?_____

4.) _____ Wann?_____

5.) _____ Wann?_____

6.) _____ Wann?_____

7.) _____ Wann?_____

8.) _____ Wann?_____

9.) _____ Wann?_____

10.) _____ Wann?_____

Berufliche Erlebnisse:

1.) _____ **Wann?**_____

2.) _____ **Wann?**_____

3.) _____ **Wann?**_____

4.) _____ **Wann?**_____

5.) _____ **Wann?**_____

6.) _____ **Wann?**_____

7.) _____ **Wann?**_____

8.) _____ **Wann?**_____

9.) _____ **Wann?**_____

10.) _____ **Wann?**_____

Konzentriere dich nun auf die wesentlichen vier Punkte, die dich privat und beruflich am meisten geprägt haben:

1.) _____

2.) _____

3.) _____

4.) _____

Es ist unglaublich wertvoll und tiefgründig, dein bisheriges Leben zu betrachten, zu analysieren und vor allem schriftlich festzuhalten, denn durch diese Verschriftlichung folgt die Erkenntnis, dass du bereits viel erlebt und geschafft hast, die Erkenntnis, wie stark du bist und wie viele Dinge du bereits gemeistert hat.

Du bist eine Kämpferin! Du bist eine Weltmeisterin!

Du bist einzig und allein die Meisterin deiner eigenen Welt! Dein Leben ist dein eigener Weg und zeichnet deine ganz persönliche Geschichte. Du gehst deinen Weg, denn du trägst die alleinige Verantwortung. Daher sei dir immer bewusst, welche Erlebnisse dich wie prägen und notiere sie dir immer schriftlich.

Was will ich nie mehr erleben?

Deine privaten als auch deine beruflichen Erlebnisse zeigen dir ganz genau, was du im Leben sicherlich nicht mehr willst. Vergiss nicht, dass die Beantwortung dieser Aufgaben dich Stück für Stück immer mehr in den Kern deiner selbst bringen.

In meinem Leben durfte ich lernen, wie wertvoll es ist, ehrliche und vertrauenswürdige Freundschaften zu haben. Doch dies konnte ich nur lernen, indem ich die umgekehrte Erfahrung machen durfte, bei dem ich an Freundschaften geglaubt habe, die meine Großzügigkeit ausgenutzt haben. Diese Erfahrung war sehr verletzend und enttäuschend, sodass ich heute ganz genau weiß, was ich nicht mehr will: einseitige Freundschaften, die nur darauf aus sind zu nehmen.

Genauso durfte ich lernen, wie besonders und motivierend ein funktionierendes Team auf beruflicher Ebene ist. Auch hier konnte ich das nur lernen, indem ich die umgekehrte Erfahrung machen durfte, bei dem ich in einem Unternehmen anfing und mich das bestehende Team nicht akzeptierte. Sobald ich meinen Kollegen eine Frage stellte oder um Hilfe bat, wurde ich ignoriert. Die Kollegen gingen alle gemeinsam in die Mittagspause, und ich wurde nicht gefragt und somit ausgeschlossen. Diese Erfahrung war grauenvoll, sodass mir heute sehr stark bewusst ist, was ich nicht mehr will: unkollegiale Teammitglieder, die egoistisch und egozentrisch sind.

Betrachte deine Geschichte und deine Erlebnisse und notiere hier, was du in deinem Leben nie mehr willst:

1.) _____ Warum?_____

2.) _____ Warum?_____

3.) _____ Warum?_____

4.) _____ Warum?_____

5.) _____ Warum?_____

6.) _____ Warum?_____

7.) _____ Warum?_____

8.) _____ Warum?_____

9.) _____ Warum?_____

10.) _____ Warum?_____

Was will ich, was will ich wirklich?

Durch die Analyse, was will ich nie mehr erleben, wird dir ganz schnell bewusst, was du wirklich willst, denn mit dem Ausschluss der negativen Erlebnisse hast du viel Platz für Neues und vor allem für viel Klarheit. Diese Klarheit schenkt dir viel Selbstbewusstsein, denn – wie das Wort bereits sagt – du bist dir selbst bewusst. Bewusstsein über dich selbst zu haben, gibt dir Stärke, die nächsten Herausforderungen und Erlebnisse im Leben zu meistern.

Ich bin mir selbst bewusst, welchen Anspruch ich an Freundschaften habe, da ich ganz genau weiß, was ich nicht mehr will! Somit gehe ich neue Freundschaften mit einem tiefen, ehrlichen und offenen Bewusstsein an und spreche direkt darüber, was mir besonders wichtig ist.

Ebenso bin ich mir beruflich sehr klar und bewusst, wie die Zusammenarbeit in einem Team auszusehen hat. Und bei einem eventuellen Job-Wechsel spreche ich bewusst an, welche Ansprüche ich an den neuen Arbeitsplatz habe.

Notiere hier, was du wirklich willst und warum:

1.) _____ Warum?_____

2.) _____ Warum?_____

3.) _____ Warum?_____

4.) _____ Warum?_____

5.) _____ Warum?_____

6.) _____ Warum?_____

7.) _____ **Warum?**_____

8.) _____ **Warum?**_____

9.) _____ **Warum?**_____

10.) _____ **Warum?**_____

Konzentriere dich nun auf die wesentlichen fünf Punkte, die du wirklich willst.

1.) _____

2.) _____

3.) _____

4.) _____

5.) _____

Wiederholung schafft Wirklichkeit, daher hier nochmal die Klarheit: Was du wirklich willst, lässt deine 4S wachsen

Dein Selbstwert
Dein Selbstbewusstsein
Dein Selbstvertrauen
Deine Selbstliebe

Erträume und wünsche dir all das, was dein Herz begehrt und vor allem traue dich, groß zu träumen!

Du darfst, du kannst, du willst, du machst! Mach es einfach!

Du darfst.
Du kannst.
Du willst.
Du machst.

by Ramona Perfetti

Deine Ziele

Im ersten Kapitel haben wir über eine Urlaubsreise gesprochen und wie umfangreich und akribisch wir doch in die Vorplanung gehen, bevor es überhaupt losgeht.

Um zu deinen zukünftigen Zielen zu blicken, war es erforderlich, in die Vergangenheit zu schauen, denn wie du gesehen hast, hat dich deine Vergangenheit geprägt und dir wunderbare Learnings und Stärken geschenkt.

Deine zukünftige Reise

Deine vervollständigte Analyse und die Beantwortung der Aufgaben haben dich auf deine zukünftige Reise vorbereitet. Du hast deine Fähigkeiten, deine Stärken, deine Wünsche und deine Träume (aufgeschrieben). Dir ist jetzt bewusst, was du willst und was du nicht willst.

Deine zukünftige Reise ist dein Leben! Deine Ziele sind die Erfüllung deiner Träume und Wünsche. Nur du ganz allein kannst diese festlegen, und vor allen Dingen kannst nur du sie umsetzen.

Wer begleitet dich auf deiner Reise?

Wie bei einer Reise kannst du auch diese Reise allein antreten oder in Begleitung. Es ist sehr wichtig, dass wir die Begleitungen in unserem Leben sehr genau auswählen, denn wie grausam kann es sein, mit einer Person in den Urlaub fahren, sich mit dieser zu verstreiten, den Urlaub weiterhin gemeinsam zu verbringen und dann zu guter Letzt auch noch die komplette Rückreise gemeinsam anzutreten. Was für eine Verschwendung unserer kostbaren Zeit und Energie (wäre dies?)

Daher sei dir im Leben immer bewusst, mit welchen Menschen du dich umgibst und mit welchen Menschen du deine Ziele teilst, denn es gibt immer drei Arten von Menschen. Diejenigen, die dich unterstützen und deine Fans sind. Diejenigen, die sich nicht dafür interessieren und neutral sind. Und zu guter Letzt, diejenigen, die dich nicht unterstützen und dich hassen.

Analysiere und bewerte dein Umfeld

Mit welchen Menschen umgibst du dich? Frage dich immer wieder und analysiere regelmäßig dein Umfeld, da dieses permanent im Wandel ist. Menschen gehen, Menschen kommen. Du wechselst den Arbeitgeber, und prompt hast du zig neue Kollegen und somit ein neues Umfeld. Du lernst auf einer Geburtstagsparty neue Menschen kennen, es ergeben sich neue Bekanntschaften, und prompt hast du einen neuen Freundeskreis.

Notiere dir hier die fünf engsten Menschen in deinem Umfeld und beantworte die Frage, ob sie Energiespender oder Energiesauger sind ehrlich:

1.) _____ Sauger/ Spender?_____

2.) _____ Sauger/ Spender?_____

3.)_____ Sauger/ Spender?_____

4.)_____ Sauger/ Spender?_____

5.) _____ Sauger/ Spender?_____

Wer sind deine Vorbilder?

Diese Analyse schafft dir ein Bewusstsein über dein Umfeld und schafft dir die Klarheit, von welchen Menschen du Abstand nehmen solltest und welche Menschen dich mehr und mehr umgeben sollten. Umgib dich immer mit Menschen, die dich motivieren, inspirieren und vor allem an dich glauben. Hier empfehle ich dir, starke und erfolgreiche Vorbilder und Mentoren an die Seite zu nehmen, denn so hast du die größten und besten Chancen, über dich hinauszuwachsen.

Deine Vorbilder haben die richtige Energie

Deine Vorbilder und deine Mentoren sind dort, wo du noch hinwillst. Somit umgibst du dich nicht nur mit der richtigen Energie, sondern folgst ihnen Schritt für Schritt auf ihrem Erfolgsweg. Dieser Erfolgsweg ist für dich einfach ein Garant dafür, dass es funktioniert, denn wenn sie erfolgreich sind, warum sollte es bei dir nicht funktionieren?

Meine Erfolge durch Mentoren

Meine größten und erfolgreichsten Sprünge auf meiner Karriereleiter und im Business habe ich wahrlich geschafft, weil ich meinen Mentoren und meinen Vorbildern nacheiferte, wie ein Groupie. Ich begleitete sie auf wichtige Termine, folgte ihnen auf Vertragsverhandlungen und hing an ihren Lippen, um all ihr Wissen und Können aufzusaugen. Das klingt verrückt, ich weiß. Für meine Kollegen war ich es auch. Doch genau das machte den Unterschied zu allen anderen, die einfach nur ihre Arbeit taten. Mein Wunsch war es nicht, einfach nur meinen Job zu erledigen. Mein Wunsch war es zu lernen, mehr zu erreichen, um eines Tages genauso eine Position zu übernehmen und eine Top-Managerin zu sein.

Und genau das bin ich geworden und noch viel, viel mehr. Diejenigen, die mich für verrückt erklärten, sind heute, 10 Jahre später, genau an der gleichen Stelle wie damals. Nicht mehr, und teilweise sogar weniger.

Mentoren als Garant für deine Ergebnisse!

In der Erreichung deiner Ziele sind Mentoren und Vorbilder ein ganz wichtiger Erfolgsfaktor und sogar Garant für deine Ergebnisse! Sie zeigen dir nicht nur, wie du die Abkürzung nimmst, sondern deine Zielerreichung wird sie dermaßen stolz machen, sodass du wirklich alles geben wirst, um deine Ziele zu erreichen.

Die Erfolgsformel für deine Ziele

1. Ziele
2. Planen
3. Tun
4. Kontrolle

Von meinen Mentoren Daniel Huchler und Ernst Crameri habe ich diese kurze und so prägnante Formel gelernt. Diese Formel ist auf alles in deinem Leben anwendbar, und wenn du alle Schritte genau und konsequent umsetzt, erreichst du auch dein Ziel.

Die Emotionen deiner Ziele

Deine Ziele sollten klar, konkret, messbar und unmissverständlich sein. Sie entsprechen deinen Träumen und deinen Wünschen und bereits der Gedanke, diese zu erreichen, lässt dein Herz und deinen Puls schneller schlagen.

Stelle dir bereits jetzt diesen einen Moment vor, wenn du dein Ziel erreichst. Schließe deine Augen und versetze dich in dieses Gefühl. Wo stehst du, wie fühlst du dich, was hast du an, wer begleitet dich?

All diese Fragen lassen dich diese Vision klar vorstellen und vermitteln dir ein positives Gefühl und Emotionen zu deinem Ziel.

Notiere dir hier die Gefühle, die deine Ziele in dir hervorrufen und spüre in dich hinein, in welchen Körperregionen genau du das Gefühl spürst:

1.) _____

2.) _____

3.) _____

4.) _____

5.) _____

Mit dieser Aufgabe hast du deinen Zielen eine positive Emotion zugeordnet, wiederhole diese Übung regelmäßig, mindestens einmal in der Woche. Durch die Wiederholung schaffst du Wirklichkeit und verstärkst deine positiven Gedanken in Verbindung mit deinen Zielen.

Nutze bei Herausforderungen diese positiven Gedanken

Durch diese Verstärkung kannst du beim Eintreten von Herausforderungen genau diese positiven Gedanken und Emotionen sofort abrufen und sie wirken lassen. Du wirst sehen, dass die Herausforderungen auf einmal wie weggeblasen scheinen, weil du sofort in die Lösungsfindung gehst. Durch diese Gedanken wirken deine Herausforderungen einfach winzig und deine Ziele dagegen riesengroß und wunderschön zugleich.

Die Überwindung jeder einzelnen Herausforderung verstärkt dein Selbstvertrauen, denn deine Gelassenheit schenkt dir ein riesengroßes Vertrauen in dich selbst. Du kannst alles meistern und erreichen. Nichts und niemand kann dich beim Erreichen deiner Ziele abbringen, da du eines in Gedanken hast: A l die schönen und warmen Gefühle, die dein Herz beim Erreichen deines Ziels umhüllen.

Dankbarkeit und Stolz

Diese warmen Gefühle sind unendliche Dankbarkeit und unermesslicher Stolz auf dich selbst. Die Dankbarkeit, die Kraft und den Willen zu haben, es durchzuziehen, bringt uns in die Tiefe unserer Urkraft. Sei jeden Tag dankbar über die vielen kleinen und großen Schritte, die du gegangen bist. Schaue beim Zubettgehen auf deinen Tag zurück, durchlebe gedanklich alle Momente noch einmal und sei dankbar. Dankbar für diese weiteren geschenkten 24 Stunden. Dankbar, einen weiteren kostbaren Tag deines Lebens gelebt zu haben. Erstelle dir ein Journal und notiere dir jeden Abend die fünf kostbarsten Momente des Tages.

Für die Digitalen unter euch: Erstellt eine WhatsApp-Gruppe mit euch allein und schreibt euch jeden Abend selbst. Diesen Tipp habe ich von der wunderbaren und bezaubernden Beatrice Huchler erhalten, und seitdem ich dies so umsetze, nehme ich wahr, wie sich mein digitales Tagebuch Tag für Tag füllt. Es ist ein kostbares Geschenk, hier „durchzublättern" und gleichzeitig seine täglichen Erfolge zu feiern.

Sei jeden Tag dankbar über die vielen kleinen und großen Schritte, die du gegangen bist.

Plane die Umsetzung deiner Ziele

Zu Beginn des Buches sprachen wir über die Planung unserer Urlaubsreise. Und genauso verhält es sich mit unseren Zielen. Bevor wir starten, machen wir uns Gedanken über den Weg, welche Route wir einnehmen und vor allem, welches Fahrzeug oder Transportmittel uns zu unserem Urlaubsort bringen wird.

Daher stelle dir bei der Planung und der Strategieausarbeitung deiner Ziele immer folgende Frage:

„Wen oder was brauche ich für die Erreichung meines Ziels?"

Deine Reise

Diese Frage ist sehr wichtig und vor allen Dingen, zu Beginn der Reise zu klären. Stell dir vor, es ist Tag der Abreise, dein Koffer ist gepackt, du weißt, du reist nach Thailand und stellst plötzlich fest, du hast keinen Flug gebucht. Du denkst dir jetzt, was für ein blödes Beispiel, das macht doch keiner. Du hast sicherlich recht, das macht keiner. Doch viele Menschen, und insbesondere wir Frauen, gehen genauso mit unseren Zielen durchs Leben. Wir warten entweder, dass jemand anderes uns das Flugticket bucht oder erwarten, dass wir schon irgendwie nach Thailand kommen werden.

Diese Reisemetapher nehme ich ganz bewusst, um euch bewusst zu machen, wie kleinkariert und organisiert wir im Leben in Bezug auf eine Reise doch sind.

Erwarte nichts, du wirst enttäuscht!

Wenn es jedoch um unsere Karriere geht und unsere Weiterentwicklung, erwarten wir, dass unser lieber Chef von allein sieht, wie fleißig und toll wir doch sind. Und zur Belohnung soll er uns eine Gehaltserhöhung oder die langersehnte Beförderung

schenken. Doch eines lass dir gesagt sein, zu hohe Erwartungen enttäuschen immer. Warum? Im Wort *Erwartungen* steckt das Wort „warten", was ein passives Verhalten ist.
Dein Gegenüber, in diesem Fall dein Chef, weiß nichts von deinen Erwartungen. Somit ist eine Erwartung eine einseitige Vereinbarung mit dir selbst.

Wir warten teilweise Monate oder gar Jahre auf eine Gehaltserhöhung und wundern uns oder ärgern uns über unsere Chefs, weil sie nicht erkennen, welch wunderbare Fähigkeiten und Ergebnisse wir erzielen. Sehr selten in deinem Leben wirst du erleben, dass jemand zu dir kommt und sagt „Meine Liebe, du hast Großartiges geleistet, dein Ziel war es, nach Thailand zu fliegen, hier hast du dein Flugticket!"

Du entscheidest über deine Reise!

Dein Ziel, deine Reise, nimmst du selbst in die Hand. Du entscheidest, wann, wie und wo die Reise hingehen soll, und du erwartest nichts. Nur du allein kannst wissen, wann genau du abreisen willst, für wie lange und an welchem Ort du genau ankommen willst. Triff jetzt die Entscheidung, deine Erwartungen hier und jetzt abzulegen und niemals mehr in einer passiven Haltung zu verwahren, sondern aktiv an deinen Zielen zu arbeiten!

Diese drei Dinge brauchst du zum Erreichen deiner Ziele:

1. Dich selbst und dein Versprechen

2. Erweitere dein Wissen und deinen Eigenwert

3. Folge deinen Mentoren auf Schritt und Tritt

Genauso ist es: In erster Linie brauchst du zum Erreichen deiner Ziele dich selbst und dein Versprechen, es durchzuziehen, komme, was da wolle. Du meisterst jede Herausforderung, weil du weißt, dass dich bei Erreichen deines Ziels Dankbarkeit und Stolz erfüllen. Im zweiten Schritt investierst du in dich selbst und in dein Wissen und erhöhst deinen eigenen Wert. Du bist das kostbarste Gut, und deine Rendite hast du selbst in der Hand.

Die Umsetzung ist der Schlüssel

Was nützt dir all das Wissen dieser Welt, viele Studiengänge und gar ein Doktortitel, wenn du das Erlernte in deinem Leben nicht umsetzt? Richtig: NICHTS! Genauso verhält es sich mit den Erfolgsregeln in diesem Buch. Du kannst noch so viele Bücher lesen, du kannst auch dieses Buch mehrmals lesen, aber wenn du die Regeln in deinem Leben nicht anwendest, wird sich nichts an deinem Verhalten ändern, und du wirst auch keine Ergebnisse erzielen.

Auch hier kannst du nicht die Erwartung haben, dass du über Nacht die große Erleuchtung bekommst und sich plötzlich alles von allein ändert. Solch eine Magie gibt es nicht.

Triff jetzt deine Entscheidung!
Deswegen triff genau jetzt deine Entscheidung, sofort mit der Umsetzung zu beginnen und zweifle nicht an dir. Vor allen Dingen lege deinen Perfektionismus ab, denn das ist die größte Bremse. Denk an dieser Stelle wieder an deine Urlaubsreise: Du kannst so viel planen, wie du willst, am Ende muss du dich aber auch in Bewegung setzen und einfach in den Urlaub gehen. Es nützt nichts, Tage, Wochen oder gar Jahre mit einer detaillierten Planung zu verbringen und an diesem Projekt bis ins kleinste Detail zu feilen und herumzudoktern.

Mit dieser Einstellung wirst du nie in den Urlaub gehen können. Der Tag der Abreise kommt, und du fährst oder fliegst einfach in den Urlaub. So einfach ist das!

Mach es einfach und mach es einfach!

Deine Ziele und deine Versprechen

Notiere hier und jetzt deine Ziele und versprich dir, bis wann du sie konkret erreicht haben willst. Sei offen und ehrlich zu dir selbst und schiebe es nicht mehr vor dir her:

<u>Private Ziele:</u>

1.) _____   **Wann?**_____

2.) _____   **Wann?**_____

3.) _____   **Wann?**_____

4.) _____   **Wann?**_____

5.) _____   **Wann?**_____

6.) _____   **Wann?**_____

7.) _____   **Wann?**_____

8.) _____   **Wann?**_____

9.) _____   **Wann?**_____

10.) _____   **Wann?**_____

Konzentriere dich nun auf die wesentlichen drei privaten Ziele:

1.) _____

2.) _____

3.) _____

Berufliche Ziele:

1.) _____ Wann?_____

2.) _____ Wann?_____

3.) _____ Wann?_____

4.) _____ Wann?_____

5.) _____ Wann?_____

6.) _____ Wann?_____

7.) _____ Wann?_____

8.) _____ Wann?_____

9.) _____ Wann?_____

10.) _____ Wann?_____

Konzentriere dich nun auf die wesentlichen drei beruflichen Ziele:

1.) _____

2.) _____

3.) _____

Notiere dir hier, welche Kenntnisse und Skills du dir für die Erweiterung deines Wertes aneignen willst:

1.) _____ **Wann?**_____

2.) _____ Wann?_____

3.) _____ Wann?_____

4.) _____ Wann?_____

5.) _____ Wann?_____

Notiere dir hier deine Mentoren und Vorbilder, die dich täglich bei deiner eigenen Mission unterstützen, dich inspirieren und an deine Ziele glauben:

1.) _____

2.) _____

3.) _____

4.) _____

5.) _____

Ich bin sehr stolz auf dich für die Ausarbeitung dieser Aufgaben. Deine Offenheit und deine Ehrlichkeit dir gegenüber sind das Fundament für deine Zukunft. Nur so kannst du Großartiges erreichen und leisten, denn dein Bewusstsein schafft dir Klarheit und Gewissheit, in welche Richtung es gehen soll.

Dein Bewusstsein schenkt dir täglich die Kraft und die Power, an deinen Zielen zu arbeiten und sich ihnen Stück für Stück zu nähern. Und mit der Unterstützung eines richtigen Umfeldes erreichst du das Unerreichbare.

Was bedeutet Unterstützung?

Im Wort Unterstützung steckt „Stütze". Es bedeutet, dass es Kraft gibt und bei Widerstand standhält. Stell dir eine Immobilie vor. Bei Wind und Wetter steht diese fest im Boden verankert, da sie statisch sichere Stützen, wie die Wände und das Dach, tragen. So verhält es sich mit unseren Mentoren und mit unseren Vorbildern. Sie stützen uns und geben uns bei Wind und Wetter Kraft gegenzuhalten, um fest im Boden verankert zu bleiben. Sei stark und kräftig, um allen Widerständen standzuhalten!

Schütze dein Pflänzchen!

Gerade im Wachstum und in der Entwicklung sind wir wie eine kleine, zarte und junge Pflanze. Schütze deine Pflanze vor Gegenwind. Hole dir eine Unterstützung an die Seite, die deine Pflegeanleitung genau kennt, dich regelmäßig und in der richtigen Dosis gießt und dich vor allen Dingen vor Tramplern schützt. Deine Mentoren und deine Vorbilder sind genau diese Unterstützung und vor allem deine ganz persönlichen und individuellen Pflanzenpfleger. Sie kennen dich sehr gut und wissen ganz genau, wie und wann sie dich fördern und wachsen lassen.

Dein Antrieb ist dein Benzin im Motor. Ohne Benzin funktioniert es einfach nicht, und du bleibst stehen und kommst nicht voran.

Dein Warum

Was nützen dir all die Ziele dieser Welt, wenn du kein WARUM hast, denn dann wirst du nicht in die Umsetzung kommen! Darum ist es sehr wichtig, dass du tief in dich hineinhörst, um dein WARUM, sprich deinen Antrieb, zu finden, denn, wie das Wort bereits sagt, es treibt dich an und voran. Dein Antrieb ist dein Benzin im Motor. Ohne Benzin funktioniert es einfach nicht, und du bleibst stehen und kommst nicht voran.

Die Marathonläuferin

Stelle dir eine Freundin von mir vor, die ihr Leben lang gerne und mit voller Motivation Marathon läuft. Sie trainiert jeden Tag bei Wind und Wetter. Sie ernährt sich gesund und achtet darauf, immer ihren Körper zur Höchstleistung zu fördern. Bereits Monate im Voraus meldet sie sich bei den Marathonläufen an und erstellt umfangreiche Trainings- und Ernährungspläne. Doch allein die Pläne bringen sie nicht ins Laufen. Sie geht weiter in die Umsetzung und zwar regelmäßig; jeden Tag und setzt all ihr Wissen um.

Nur ein Ziel reicht nicht aus!

Die Ziele und die Umsetzung reichen jedoch nicht aus. Warum? Denn bei einem kleinen Widerstand und bei einer Herausforderung, wie zum Beispiel schlechtes Wetter, würde sie sich auf das Sofa legen und denken „Ach, morgen ist doch auch noch ein Tag, da kann ich wieder trainieren". Eine Sportlerin hat eine starke und tiefe Motivation, die sie täglich dazu anspornt, in Bewegung zu kommen.

Ein starker Antrieb!

Sie stellt sich bereits im Training vor, wie es sich anfühlen wird, über die Ziellinie zu laufen und sich die Medaille zu holen. Sie stellt sich vor, wie ihre Muskeln pulsieren und wie ihr ganzer Körper bebt vor Anstrengung und sie all ihre Kraft zusammennimmt, um die letzten Kilometer durchzuhalten. Sie geht da durch, hält es aus, und am Ende erfüllt sie ein unbeschreibliches, dankbares und stolzes Gefühl. Das schönste und größte Gefühl auf der Welt:

Ich habe es geschafft!

Lass diese Bilder auf dich wirken und denke hierbei an deine Ziele: Welche Gefühle und welche Motivationen treiben dich an? Verbinde diese Gefühle mit den Gedanken, die du bereits auf Seite 20 und 21 erarbeitet hast. Denk dabei, was wäre, wenn Geld und Angst keine Rolle spielten.

Dein WARUM ist dein Sinn

Weswegen bist du auf dieser Welt? Was ist dein übergeordneter Sinn? Um diese Fragen zu beantworten, reisen viele Menschen um die Welt, nehmen sich lange Auszeiten, besteigen große Berge, leben eine Zeitlang aus dem Rucksack und dümpeln vor sich hin, in der Hoffnung, die Antwort auf den Sinn des Lebens unter einem Stein in Nepal im hintersten Busch zu finden.

Wo findest du die Antwort?

All diese Menschen werden dir nach ihrer Rückreise eines verraten: Dass die Antwort nirgends versteckt auf sie gewartet hat, denn die einzig wahre Antwort auf unseren Sinn im Leben steckt bereits in uns drin. Dein Herz trägt bereits die Antwort von deiner Geburt an in der Entwicklung bis heute. Hör einfach auf dein Herz und fühle in dich hinein. Was genau macht dich glücklich und was erfüllt dich?

Glück und Erfüllung fängt bei dir an

Glück und Erfüllung hast du, wenn du die Dinge tust, die du über alles liebst. Die Dinge, die dir von ganzem Herzen Spaß machen. Die Dinge, die dein Herz öffnen. Die Dinge, bei denen du dich rundum wohl fühlst. Die Dinge, die dir Wärme und Geborgenheit schenken. Die Dinge, die dich entspannen und genießen lassen. Das sind alles Dinge, die bei dir selbst anfangen und die nur du ganz allein empfindest und fühlst. Deswegen fängt Glück und Erfüllung bei dir selbst an.

Dein Glück ist nicht von anderen abhängig!

Diese Gefühle sind nicht von einer dritten Person oder einer Sache abhängig. Bevor du eine Beziehung, eine Freundschaft und/oder eine Partnerschaft eingehst, ist es sehr wichtig, dass du selbst bereits in deinem eigenen Glück und deiner Erfüllung bist, denn diese Klarheit gibt dir viel Selbstvertrauen, auch ohne diese Beziehung glücklich zu sein. Du brauchst niemanden und nichts, um dieses Gefühl zu kompensieren. Wenn du etwas brauchst, bist du im Defizit, und es breitet sich die Angst aus, was wäre, wenn diese Person oder diese Sache nicht mehr da ist. Diese Verlustängste zerstören dein Selbstvertrauen und deine Selbstliebe.

Du ganz allein bist für dein Glück und deine Erfüllung verantwortlich.

Wie unverantwortlich ist es, jemand anderen dann die Schuld zu geben, wenn es nicht mehr funktioniert und wir unglücklich sind, weil sie uns verlassen hat. Die andere Person ist ebenso für ihr eigenes Glück verantwortlich, und daher trifft sie ebenso ihre eigenen Entscheidungen.

Wie gehen wir mit Trennungen um?

Natürlich sind wir Menschen aus Fleisch und Blut, mit viel Gefühlen und Emotionen. Und wenn Menschen uns verlassen oder von uns gehen, entsteht im ersten Moment eine Leere. Glaub mir, wenn deine Selbstliebe und dein Selbstvertrauen so groß sind, hast du weiterhin deinen Lebenssinn. Es ist dein eigener und ganz persönlicher Sinn, und auch wenn eine Person geht, bleibt dein Sinn bestehen. Und im Umkehrschluss bleiben dein Glück und deine Erfüllung bei dir!

Nutze die nächsten Zeilen, um die Dinge zu notieren, die du über alles auf der Welt liebst, die dir von ganzen Herzen Spaß machen, die dein Herz mit viel Liebe füllen und die Geborgenheit und Wärme schenken und vor allen Dingen WARUM:

1.) _____ **Warum?**_____

2.) _____ **Warum?**_____

3.) _____ **Warum?**_____

4.) _____ **Warum?**_____

5.) _____ **Warum?**_____

6.) _____ **Warum?**_____

7.) _____ **Warum?**_____

8.) _____ **Warum?**_____

9.) _____ **Warum?**_____

10.) _____ **Warum?**_____

Konzentriere dich nun auf die wesentlichen drei Dinge, die du über alles liebst:

1.) _____

2.) _____

3.) _____

Glück und Erfüllung, indem wir Gutes tun

Sinn und Erfüllung finden wir Menschen insbesondere, wenn wir für andere etwas Gutes tun. Warum?
Weil die Freude und das Strahlen in unserem Gegenüber positive Gefühle in uns auslöst und wir uns dann genauso gut fühlen. Daher sind ehrenamtliche Tätigkeiten oder Spenden eine erfüllende Aufgabe. Es ergibt auf einmal einen Sinn, anderen Menschen zu helfen. Menschen, die körperlich nicht mehr in der Lage sind. Menschen, die finanziell nicht mehr in der Lage sind. Menschen, die in einem Umfeld leben, die nicht sicher und geborgen sind. All das bewegt uns zu helfen und etwas Gutes zu tun.

Drittländer und ihr Glück

Wenn du ärmere Länder bereist, kannst du beobachten, dass die Menschen wenige finanzielle Mittel haben und doch glücklich und erfüllt sind. Sie sind, auch wenn sie wenig haben, großzügig und teilen ihr Hab und Gut mit ihren Nächsten. Sie freuen sich des Lebens und sind dankbar. Denk an all die sozialen Berufe in unserem Land. Diese Menschen haben keine hohen Gehälter, und doch üben sie mit Freunde und mit Sinn ihren Beruf aus und freuen sich tagtäglich, anderen Menschen Gutes zu tun. Es ist magisch, anderen Menschen zu helfen und zu geben. Wenn wir von ganzem Herzen geben, erfüllt es uns und ist gleichzeitig sehr heilsam.

Warum schreibe ich diese Zeilen?

Um dir mein Wissen zu schenken und dir Gutes zu tun. Meine Absicht ist positiv und durch und durch rein und voller Liebe dir gegenüber. Ich sitze hier in einem Hotelzimmer in Frankfurt und lasse diese Wörter fließen. Sie fließen von ganzem Herzen, und ich male mir aus, wie du just in diesem Moment beim Lesen dieser Zeilen lächelst. Und das ist mein Glück und meine Erfüllung.

Ich male mir aus, wie du just in diesem Moment beim Lesen dieser Zeilen lächelst.

Und das ist mein Glück und meine Erfüllung.

FRAUEN &
BUSINESS

Nutze diese Zeilen und mache dir Gedanken, wie du anderen Menschen helfen und was Gutes tun kannst und warum:

1.) _____ **Warum?**_____

2.) _____ **Warum?**_____

3.) _____ **Warum?**_____

4.) _____ **Warum?**_____

5.) _____ **Warum?**_____

6.) _____ **Warum?**_____

7.) _____ **Warum?**_____

8.) _____ **Warum?**_____

9.) _____ **Warum?**_____

10.) _____ **Warum?**_____

Warum „Frauen & Business"

Bis hierhin sind alle Regeln und Aufgaben auch für die lieben Herrschaften anwendbar. Natürlich, denn wir sind alle Menschen und haben eines gemeinsam: Unsere Emotionen, unsere Gefühle und unsere Erfüllung. Da ticken wir alle gleich, und jedes Individuum für sich ist einzigartig und besonders, unabhängig des Geschlechts.

Wir sind alle gleich!

Und es sei auch an dieser Stelle gesagt, dass es nicht meine Intention ist, mit diesem Buch Frauen und Männer zu durchleuchten, um eine Bewertung vorzunehmen, wer besser oder schlechter ist. Auf gar keinen Fall. Ich liebe es, Frau zu sein, und ich liebe ebenso das männliche Geschlecht. Wir sind wunderbare Kreaturen, die sich gegenseitig ergänzen und jeweils entfalten dürfen

Welche Unterschiede gibt es?

In meinen 17 Jahren Berufserfahrung und vor allen Dingen in einer sehr stark männerdominierten Branche wie die Immobilienbranche, habe ich ganz bestimmte Muster und Dynamiken festgestellt, die uns Frauen in der Businesswelt gewaltig von den Männern unterscheiden. Diese Unterschiede gilt es zu analysieren, zu verstehen und für sich zu nutzen. Zu nutzen, um selbst Business zu machen, um selbst die Erfüllung im Beruf zu finden, um selbst erfolgreich zu sein. Um endlich selbst am großen Tisch mitreden zu dürfen.

Warum Frauen das auch dürfen?

Wir brauchen geschichtlich nicht lange zurückzugehen, und wir werden schnell feststellen, dass es für Frauen nicht erlaubt war zu arbeiten. In Deutschland schrieb es das Bürgerliche Gesetzbuch vor: Wollte eine Frau arbeiten, musste das ihr Ehemann erlauben. Meine

Mutter heiratete 1976 meinen Vater und wechselte zu dem Zeitpunkt ihren Arbeitgeber. Hierfür musste sie die Unterschrift meines Vaters einreichen. Das ist für mich heute unvorstellbar. Erst 1977 wurde das Gesetz geändert, das sind gerade mal 43 Jahre her.

Noch vor 60 Jahren!

Gehen wir geschichtlich knapp 20 Jahre weiter zurück: Bis zum 1. Juli 1958 hatte der Mann, wenn es ihm nicht passte, das Recht, den Arbeitsvertrag seiner Frau fristlos zu kündigen. In Bayern mussten Lehrerinnen im Zölibat leben wie Priester. Wenn sie heirateten, mussten sie ihren Beruf komplett aufgeben. Grund war, dass sie entweder voll und ganz für die Erziehung fremder Kinder zur Verfügung stehen mussten oder sich voll und ganz um ihren eigenen Nachwuchs kümmern.

Lass bitte diese Geschichten auf dich wirken!

Für mich ist dies unfassbar. Wie viele Frauen haben für die Abschaffung dieser Gesetze gekämpft, sind auf die Straße gegangen und haben den Mut gehabt, ihre Meinung zu äußern. Sie hatten Wünsche, Träume und Visionen. Sie wollten mehr vom Leben haben, als nur zu Hause zu sein und sich nur um die eigenen Kinder zu sorgen. Sie kämpften für all unsere Rechte. Dass wir heute frei sein können, das zu tun, was wir wollen, haben wir ihnen zu verdanken. Wir leben in einem freien Land, wir dürfen arbeiten, wir dürfen unser eigenes Geld verdienen, wir dürfen allein wohnen, wir dürfen Auto fahren. Was in einigen Ländern bis vor Kurzem immer noch nicht erlaubt war.

Wir DÜRFEN!

Nutze dieses kostbare Geschenk!

Es ist ein wertvolles und kostbares Geschenk, das diese Frauen uns ermöglicht haben. Ihr Mut, ihr Willen und ihre Power haben uns diese Gesetzesänderungen gebracht und vor allem ein Umdenken im gesellschaftlichen Leben und in der Politik.

„Will ich es oder will ich es nicht?"

Entfalte deine Persönlichkeit!

Dieses kostbare Geschenk solltest du für die Entfaltung deiner Fähigkeiten, deines Glücks und deiner Erfüllung in vollen Zügen nutzen, denn du bist frei! Du darfst! Du kannst! Also mach es einfach und sei stolz, eine Frau zu sein! Und das nächste Mal, wenn du einen Arbeitsvertrag unterzeichnest, sei stolz, dass du nicht die Unterschrift deines Vaters oder deines Ehemannes brauchst!

Denn hierfür sind andere Frauen für dich eingestanden und haben lauthals für unsere Rechte geschrien. Sie sind aufgestanden und haben es getan – für alle nachfolgenden Generationen, für dich, für mich und für alle Generationen, die nach uns folgen!

Deswegen gibt es in meiner Welt keine Ausreden! Es gibt nur zwei Fragen, die du für dich beantworten darfst:

„Will ich es oder will ich es nicht?"

Warum Frauen das auch können?

Im Businessleben und im Beruf sind viele Eigenschaften notwendig, um erfolgreich zu sein. Lass uns ein paar davon durchleuchten und analysieren.

1. Organisiert und strukturiert

Einer erfolgreichen Geschäftsperson schreibt man zu, alles im Griff zu haben, organisiert zu sein, mit einem großen Blick auf die Struktur und auf das große Ganze zu blicken, um ihre Ziele zu erreichen. Hierfür werden Teams zusammengestellt, die täglich daran arbeiten, positive Ergebnisse zu erzielen, um am Ende des Geschäftsjahres einen Mehrwert zu erwirtschaften.

Sind wir Frauen organisiert und strukturiert? Organisation und Struktur ist unabhängig vom Geschlecht. Es sind Eigenschaften, die wir in uns haben oder uns aneignen. Die Antwort auf die Frage lautet also: Ja, können wir sein!

2. Kommunikativ und lösungsorientiert

Im Geschäftsleben ist man im ständigen und kontinuierlichen Austausch mit anderen Personen. Sei es mit Kollegen, Geschäftspartnern, Kunden oder Auftraggebern. Die Kommunikation, aber vor allem die dienstleistungs- und lösungsorientierte Kommunikation, ist ein großer Aspekt der erfolgreichen Zusammenarbeit. Sind wir Frauen kommunikativ und lösungsorientiert?
Auch hier ist es unabhängig vom Geschlecht. Es sind Eigenschaften, die wir in uns haben oder uns aneignen. Die Antwort auf die Frage lautet also: Ja, können wir sein!

3. Teamführung und -förderung

Verantwortung im Berufsleben zu übernehmen, ist ein großer Meilenstein und für viele ein wunderbares Ziel, denn darin verbirgt sich der Wunsch, Teams zu führen. Die Förderung der Mitarbeiter zu begleiten, um sie zur Höchstleistung zu inspirieren, Vorbild zu sein und sich für die kleinen und großen Ergebnisse zu feiern. Sich in herausfordernden Zeiten immer und bedingungslos zu unterstützen und sich aufeinander verlassen können. Das machen großartige und ergebnisorientierte Teams aus, die Spaß und Freude an ihrer Arbeit haben.

Sind wir Frauen fähig, diese Verantwortung zu tragen, und sind wir ergebnisorientiert? Auch hier ist es unabhängig vom Geschlecht. Es sind Eigenschaften, die wir in uns haben oder uns aneignen. Die Antwort auf die Frage lautet also: Ja, können wir sein!

4. Taff und verhandlungssicher

Einer Geschäftsperson, die erfolgreich im Business tätig ist, wird unterstellt, sie müsse taff und verhandlungssicher sein. Was bedeutet taff? Gemäß Duden heißt es, robust, nicht empfindlich, durchsetzungsfähig. Als robuste Geschäftsperson kann dich keine Herausforderung durch den Wind bringen, du wägst alle Möglichkeiten und Varianten ab und triffst eine unternehmerische und schnelle Entscheidung, im Sinne eines positiven Ergebnisses. Du bist durchsetzungsfähig, wenn es darum geht, die Interessen deines Unternehmens oder deiner Aufgabe zu vertreten. Du hast einen klaren Fokus auf deine Ziele, und nichts kann dich davon abbringen, denn du bist robust wie ein Baum! Deine Wurzeln sind nicht empfindlich, und du nimmst nichts persönlich – es geht um die Sache und deine Ergebnisse!

Sind wir Frauen fähig, taff, robust und durchsetzungsfähig zu sein? Auch hier ist es unabhängig vom Geschlecht. Es sind Eigenschaften, die wir in uns haben oder uns aneignen. Die Antwort auf die Frage lautet also: Ja, können wir sein!

5. Zahlenaffin und strategisch

In Positionen mit hohen Verantwortungen, gerade im oberen Management, ist es erforderlich, sehr strategisch und unternehmerisch zu denken. Wie bei der Ausarbeitung unserer Ziele auf Seite 31, reicht es nicht aus, nur die Ziele festzulegen und loszumarschieren. Damit ein komplettes Team oder ein ganzes Unternehmen die gleiche Vision teilt, ist es notwendig, Pläne und Strategien auszuarbeiten, um die Ziele zu erreichen. Die Strategien enthalten verschiedene Szenarien, um für alle Eventualitäten vorbereitet zu sein. Business-Pläne werden erstellt, kalkuliert und analysiert, um am Ende des Geschäftsjahres deinen Mehrwert oder deine Rendite zu errechnen. Für diese Positionen ist natürlich ein hohes Maß an strategischem Denken und eine große Affinität zu Zahlen und Kalkulationen notwendig.

Sind wir Frauen fähig, strategisch unternehmerisch und mit viel Zahlenaffinität zu arbeiten? Auch hier ist es unabhängig vom Geschlecht. Es sind Eigenschaften, die wir in uns haben oder uns aneignen. Die Antwort auf die Frage lautet also: Ja, können wir sein!

Ich könnte noch viele weitere Eigenschaften aufzählen, aber das Ergebnis ist immer ein und dasselbe. Wir Frauen können alles, was wir uns vornehmen. All diese Eigenschaften kannst du dir aneignen. Die entscheidende Frage, willst du es oder willst du es nicht?

Sicherlich gibt es körperliche Berufe, die für Frauen weitaus erschwerter sind. Doch auch hier haben viele Frauen bewiesen, dass es möglich ist. Frauen können sich auch diese Eigenschaften aneignen. Frauen können Kfz-Mechanikerinnen werden. Frauen können Polizistinnen sein. Frauen können Ärztinnen sein. Es gibt keine Grenzen. Es gibt nur die Grenzen, die wir uns selbst setzen.

Habe einen großen Traum, Wunsch und einen noch größeren Willen, es zu erreichen. Dein unerschütterlicher Glaube an dich selbst bringt dich bei der Erfüllung deiner Ziele voran. Nur du selbst hast es in der Hand und niemand anders, denn alle Wege sind für uns Frauen bereits geebnet. Vergiss dies niemals und wiederhole es immer und immer wieder:

Ich darf,
ich kann,
ich will,
ich mache!

by Ramona Perfetti

Die 5 Erfolgsprinzipien einer erfolgreichen Frau

In diesem Kapitel stecken all mein Herzblut und meine Leidenschaft zum Business, denn in all den Berufsjahren habe ich sehr viele Herausforderungen gemeistert. All diese Herausforderungen haben mich mit vielen Emotionen geprägt und sind heute Teil meiner Fähigkeiten im Top-Management und in meiner Rolle als Führungskraft. All meine Learnings habe ich im Laufe der Jahre in meine ganz persönlichen Erfolgsprinzipien umgewandelt und gebe sie dir jetzt weiter.

Mein Ziel ist es nicht nur, dass du sie liest, sie wahrnimmst und sie wieder beiseitelegst. Mein Ziel ist es, dass du sie als Lernerfolge sehen und sie direkt in deinem Berufsalltag anwenden kannst. Vertraue mir als deine Mentorin und setze es buchstabengetreu um, deine Ergebnisse sprechen dann für sich.

Glaub an dich und an deinen Willen! Ich glaube sehr an dich und an deine positive Absicht. Mit deiner Absicht gilt es, diese Bedingungen und Regeln auf den nachfolgenden Seiten zu erfüllen, und mit der genauen buchstabengetreuen Umsetzung folgen dann die Ergebnisse.

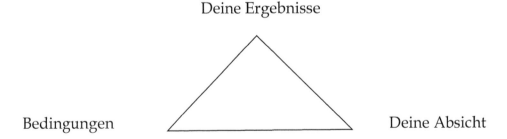

1. Erfolgsprinzip: Erkenne deinen Wert!

Auf Seite 14 hast du bereits deine Fähigkeiten und deine Skills erarbeitet. Bei dieser Erfolgsregel geht es weiter in die Tiefe, und sie bezieht sich ganz speziell auf deinen Beruf und deine Arbeit. Analysiere all deine beruflichen Tätigkeiten und erarbeite auf den nachfolgenden Zeilen, was du besonders gut kannst und warum es dir Spaß macht.

1.) _____ **Warum?**_____

2.) _____ **Warum?**_____

3.) _____ **Warum?**_____

4.) _____ **Warum?**_____

5.) _____ **Warum?**_____

6.) _____ **Warum?**_____

7.) _____ **Warum?**_____

8.) _____ **Warum?**_____

9.) _____ **Warum?**_____

10.) _____ **Warum?**_____

Deine Analyse als Angestellte!

Als Angestellte ist es notwendig zu wissen, was du wert bist, um mit deinem Arbeitgeber deinen Stundenlohn oder dein Gehalt zu verhandeln. Deine Arbeit hat einen ganz bestimmten Wert. Du erbringst eine Leistung und bekommst im Gegenzug für deine Zeit eine Bezahlung. Erkenne, welch großartigen Beitrag du für das Unternehmen einbringst und bestimme deinen Wert.

Deine Analyse als Selbstständige!

Als Selbstständige oder Unternehmerin trägst du die Verantwortung für dein Unternehmen und für deine Mitarbeiter. Hier ist notwendig zu wissen, welchen Wert du hast, ansonsten wird es sehr schwierig, deine Dienstleistung oder dein Produkt zu verkaufen. Als Unternehmerin kannst du es dir nicht erlauben, dich und dein Unternehmen unter dem Wert zu verkaufen. Du trägst die Verantwortung für die Ergebnisse deiner Bilanz und die Verantwortung gegenüber deinen Mitarbeitern, denn sie vertrauen auf ihren sicheren Arbeitsplatz.

Dein Wert ist dein Schlüssel!

Ob angestellt oder selbstständig, die Analyse und das Festlegen deines Wertes sind unabdingbar. Du trägst ebenso Verantwortung, deinen Wert zu steigern, indem du dich immer wieder weiterbildest und in dein Wissen und Potenzial investierst.

Eine Immobilie als Investment

Stelle dir eine Immobilie vor, egal, ob du diese zur eigenen Nutzung oder als Kapitalanlage ankaufst. Bei einer Immobilie ist es notwendig, ständig und regelmäßig darin zu investieren. Hierfür gibt es unterschiedliche Gründe: Zum einen, um den Wert zu erhalten, denn durch Nutzung und Witterung nutzt sich das Gebäude ab und verliert an Wert, und zum anderen, um den Wert zu steigern. Es werden teilweise sehr hohe Summen in Immobilien investiert, um am Ende des Geschäftsjahres einen höheren Wert oder eine bestimme Rendite zu erzielen.

Risikofreudigkeit bei Immobilien

Hierfür werden Unsummen an Krediten und vor allem Risiken aufgenommen, denn eine Glaskugel haben wir alle nicht. Keiner kann mit Sicherheit sagen, wie sich die Immobilienpreise in den nächsten 20-30 Jahren entwickeln. Und doch sind wir bei einer Immobilie sehr risikofreudig und investieren viel Geld und glauben fest daran, dass die Preise weiter ansteigen wie bisher.

Betrachte ein Einfamilienhaus!

Ein durchschnittliches Einfamilienhaus in guter bis mäßiger Lage, liegt preislich zwischen 500.000 – 700.000 €. Dies ist eine sehr große Summe. Es gibt wirklich Menschen, die sich für diesen Traum des Eigenheimes ein ganzes Leben verschulden, um im Laufe von 30 Jahren den Kaufpreis abzubezahlen und sind bereit, hierfür Zinsen zu bezahlen. Zusätzlich fallen noch die Bewirtschaftungskosten an, geschweige denn die laufenden Investitionen, wie Instandhaltungen und Reparaturen im Laufe der Jahre. Was für ein großes Vertrauen wir doch unseren eigenen vier Wänden schenken.

Du als dein Investment

Betrachte dich und dein Leben wie diese Immobilie. Wie fühlt sich das für dich an? Bist du 500.000 - 700.000 € zzgl. Zinsen wert? Zusätzlich noch Nebenkosten, Instandhaltungen und Reparaturen?

Sicher ist ein Menschenleben mehr als eine Immobilie wert, doch welchen Wert gibst du dir? Wieviel investierst du in dich selbst, um am Ende deines Lebens auf dich zurückzublicken und wahrlich zu sagen: „Wow, ich habe wirklich das Allerbeste aus meinem Leben gemacht und ich hinterlasse ein Meisterwerk mit unglaublichem Mehrwert für die Menschheit und für alle nachfolgenden Generationen!" Kannst du das von deinem Leben bisher sagen?

Dein Investment in Weiterbildung

Viel zu oft erlebe ich es, dass Menschen für Weiterbildungen, wie Bachelor oder Master, Unsummen wie 10.000 – 28.000 € ausgeben, um am Ende einen Titel zu tragen. Sie lernen zig Semester vor sich hin und erwarten, durch ihren erworbenen Titel einen tollen Job zu erhalten. Hier benutze ich ganz bewusst das Wort „erwarten", denn es ist so, als ob bereits dieser Titel sie für eine gewisse Stelle befähigt. Die Allermeisten rechnen nicht mal ihren eigenen Return of Invest (ROI) aus. Wieviel Jahre müssen sie arbeiten, um das Investment dieses Studiums wieder rauszuhaben. Viel zu viele oder sogar nie. Ist das nicht traurig und blöd?

Achte immer auf deinen ROI

Ein Unternehmer oder auch ein Top-Manager kalkuliert detailliert und strategisch die Ergebnisse seines Investments. Hierfür werden wochenlang, teilweise sogar monatelang, Business-Pläne zusammengestellt, ausgearbeitet und finalisiert, um sie den finanzierenden Banken zu präsentieren. Eine Bank finanziert ein Projekt nur, wenn der ROI hoch genug ist und das Risiko so gering wie möglich. Also achte bei der Weiterbildung immer und ausschließlich auf einen positiven ROI. Bei einem negativen Ergebnis triff immer eine unternehmerische Entscheidung und triff diese schnell, um nicht weitere Verluste einzufahren.

Dein Humankapital

Dein Wissen, dein Können und vor allen Dingen deine Umsetzung hast du selbst in der Hand, und somit kannst du deinen ROI selbst steuern. Für diese Skills sind keine Titel der allerbesten Fakultäten und Universitäten notwendig, denn deine Umsetzung ist allein, was zählt. Wie bereits zu Beginn des Buches erwähnt, was nützt dir all dein Wissen, wenn du es nicht umsetzt.

> Erfolgsregeln lernst du von Machern, von Unternehmern und Menschen, die bereits diesen Weg gegangen sind.

Du kannst jetzt gerne denken: „Mein Wissen aus der Universität setze ich schon um!" Du setzt es vielleicht um, doch monetär amortisiert sich dein Investment nicht mit deinem Einkommen.

An dieser Stelle ist zu begreifen, dass es ausschließlich positive Ergebnisse bringt, sich auf die wesentlichen Dinge zu fokussieren und die richtigen Dinge zu tun, um die richtigen Ergebnisse zu erzielen. Und das lernst du in keiner Schule und auf keiner Universität.

Notiere dir hier deine Versprechen, in welchen Bereichen du deinen Wert im Bereich Humankapital erhöhen willst und bis wann:

1.) _____ Wann?_____

2.) _____ Wann?_____

3.) _____ Wann?_____

4.) _____ Wann?_____

5.) _____ Wann?_____

Betrachte diese zehn Punkte und fokussiere dich für die nächsten 3 Monate auf 3 wesentlichen Punkte und lege sie hier fest:

1.) _____ Wann?_____

2.) _____ Wann?_____

3.) _____ Wann?_____

Fokussiere für die nächsten drei Monate diese festgelegten Punkte und lege jetzt hier fest, mit welchem der drei Punkte du direkt heute startest:

1.) _____ Wann?_____

Ich bin sehr stolz auf dich, dass du an dieser Stelle dieses Versprechen für dich triffst, denn jeder einzelne Schritt bringt dich ein Stück näher zu deinen Zielen und zu deiner Veränderung. Deine Veränderung ist deine Entscheidung und vor allen Dingen dein Weg! Dein Leben und dein ganz alleiniges Business!

Dein Fazit - Erfolgsprinzip: Erkenne deinen Wert!

Für die Umsetzung dieser Regel stell dir folgende essenziellen Fragen und beantworte sie direkt:

Wen oder was brauche ich bei der Umsetzung?

_____

Was bin ich bereit, dafür zu tun?

_____

Meine To-Do's?

_____

_____

_____

2. Erfolgsprinzip: Dein Track-Record!

Das ist eine wesentliche und so wichtige Regel, die ich von den Männern gelernt habe! Was ist ein Track-Record?

Ein Track-Record ist eine Auflistung und eine Aufzählung deiner Erfolge gemessen an Zahlen, Daten, Fakten, sodass sich ein Dritter direkt in die Leistung deiner Arbeit hineinversetzen kann. Das Ziel eines Track-Records ist, deine Kompetenz und dein Können aufzuzeigen.

Lerne von den erfolgreichen Geschäftsmännern

Beobachte mal deine männlichen Kollegen oder deine Vorgesetzten. Es vergeht kein Termin oder gar ein Mittagessen, wo nicht Zahlen, Daten, Fakten erwähnt werden.

„Markus, hast du schon gehört, ich habe heute den Auftrag mit Fa. Müller abgeschlossen und ein Transaktionsvolumen von 42 Mio € reingebracht!"

„Frau Schneider, können Sie mir bitte die Unterlagen der Fa. Fritzel mit dem Auftrag in Höhe von 45.000 € netto ausdrucken?"

„Mit diesem Monatsabschluss habe ich meinen Umsatz um 15 % gegenüber dem Vormonat gesteigert und insgesamt 285.000 € netto Abschlüsse erzielt!"

Das sind alles bemerkenswerte Abschlüsse, und du kannst dir durch die Nennung der Beträge auch direkt das Volumen vorstellen und unterstellst demjenigen direkt, dass er sehr kompetent, fleißig und erfolgreich ist.

In der Geschäftswelt dreht es sich immer und ausschließlich um Ergebnisse, und diese Ergebnisse lassen sich in Zahlen, Daten, Fakten messen. Sie sind klar, konkret, messbar und unmissverständlich.

Genau wie bei unseren Zielen. Darum geht es, unsere Ziele zu erreichen, diese auszusprechen und so zu platzieren, dass ein Dritter sie nachvollziehen kann.

Trau dich!

Die meisten Frauen trauen sich nicht, so zu sprechen und empfinden es als „angeberisch", mit den Ergebnissen so zu prahlen. Im Wort angeben, steckt einfach und allein „es angeben", „es anzeigen". Einfach darüber sprechen.

Über deine Ergebnisse zu sprechen, ist kein Prahlen und nicht arrogant. Es geht um die Sache und um die Zielerreichung. Wenn du es nicht aus- und ansprichst, kann es keiner wissen.

Deinen Wert erkennbar machen

Deine Fertigkeiten und deine Umsetzung bringen dich zu deinen Zielen. Darüber zu sprechen, zeigt deinem Gegenüber, wie wertvoll du bist. So steigerst du deinen Wert und deinen Ruf, denn dieser eilt dir voraus. Du bist nicht die Unbekannte im Unternehmen oder die unsichtbare Kollegin. Du bist diejenige, die Abschlüsse bringt und darüber spricht.

Kontrolliere und überwache deinen Track-Record

Halte deinen Track-Record regelmäßig auf dem Laufenden. Mein ganz persönlicher Tipp, mindestens einmal in der Woche, am besten Freitagnachmittag. Nimm dir ganz bewusst die Zeit, um die Woche Revue passieren zu lassen und analysiere deine Ergebnisse. Du wirst schnell merken, dass du dich von Woche zu Woche nur auf die Themen konzentrierst, die Geld einbringen oder Geld einsparen, denn diese Tätigkeiten bringen deinen Track-Record zum Explodieren, denn sie sind klar, konkret, messbar und unmissverständlich.

Halte dich nicht mit unwesentlichen Themen auf

Sei dir immer bewusst, mit welchen Themen und Aufgaben du dich abgibst. Erstellst du neue Prozesse, sortierst du wieder unnötig dein Laufwerk um? Beschriftest du unnötig deine Ordnerrücken neu? All diese Dinge mögen vielleicht sinnvoll sein, aber lassen deinen Track-Record nicht wachsen. Delegiere diese Aufgaben oder überlege, ob sie wirklich sinnvoll und wichtig sind. Wenn die Antwort mit nein ausfällt, weißt du, welche Aufgabe du nicht mehr machen wirst.

Notiere dir hier ganz bewusst, welche Tätigkeiten deinen Track-Record aufbauen und notiere dahinter die Maßeinheit, wie z.B. €, %, Stk., Zeit, uvm.

1.) _____

2.) _____

3.) _____

4.) _____

5.) _____

6.) _____

7.) _____

8.) _____

9.) _____

10.) _____

Betrachte diese zehn Punkte und fokussiere dich für die nächsten 3 Wochen auf 5 wesentliche Punkte und lege sie hier fest:

1.) _____

2.) _____

3.) _____

4.) _____

5.) _____

Fokussiere dich für die nächsten kommenden Wochen auf diese festgelegten Punkte und lege jetzt hier fest, mit welchen der drei Punkte du direkt heute startest:

1.) _____

2.) _____

3.) _____

Ich bin wirklich sehr stolz auf dich, dass du an dieser Stelle wieder ein Versprechen für dich getroffen hast, denn jeder einzelne Schritt bringt dich ein Stück näher zu deinen Zielen und in deine Veränderung. Deine Veränderung ist deine Entscheidung und vor allen Dingen dein Weg! Dein Leben und dein ganz alleiniges Business!

Dein Fazit - Erfolgsprinzip: Dein Track-Record!

Für die Umsetzung dieser Regel stell dir folgende essenziellen Fragen und beantworte sie direkt:

Wen oder was brauche ich bei der Umsetzung?

_____

Was bin ich bereit, dafür zu tun?

_____

Meine To-Do's?

_____

_____

_____

3. Erfolgsprinzip: Sei charmant & professionell

Im Berufsleben treffen wir auf große Herausforderungen, nicht nur inhaltlich, sondern auch in der Zusammenarbeit mit anderen Menschen. Oft stehen wir vor Situationen mit einem nicht so einfachen Kunden, intriganten Kollegen oder gar mit einem wenig wertschätzenden Vorgesetzten. Diese Situationen ziehen sich oft über Wochen oder sogar über Monate hinweg. Die negative Energie ist im Büro, im Besprechungszimmer oder im Kundengespräch einfach zu spüren. Du kannst diese Momente nicht beschreiben und einem Dritten nicht wirklich rational und sachlich erklären, was es genau ist. Aber du bist dir ganz sicher, diese Person nimmt dich NICHT ernst!

Negative Energien und Dynamiken erkennen

Es ist sehr wichtig, dass du solche Situationen, bevor sie ausarten und sich ausbreiten, frühzeitig erkennst und handelst. Handeln kannst du, indem du dich davon distanzierst oder dich klar positionierst. Sich davon zu distanzieren, ist die einfachste und beste Lösung, da du hierfür kaum bis wenig Energie verschwendest. Doch in einigen anderen Situationen ist es ebenso wichtig, dich zu äußern und deine Meinung zu teilen, insbesondere wenn es respektlos oder gar sexistisch wird.

Sei charmant

Das Wort charmant stammt aus dem Französischen und bedeutet so viel wie bezaubern und durch Liebenswürdigkeit gefallen. Im Berufsleben ist das der Schlüssel, um viele heraufordernde Situationen zu meistern, z. B., um das Eis vor einer schwierigen Vertragsverhandlung zu brechen, wenn du ganz genau weißt, dein Gegenüber fühlt sich auf Grund seiner Berufserfahrung überlegen. Sei immer charmant, geduldig, freundlich und lass dich niemals auf Diskussionen ein.

Führe niemals Diskussionen!

Diskussionen sind unnötig, braucht keiner, und sie führen zu keinem Ergebnis. Warum? Denn jeder hat aus deiner Sicht recht und gerade bei geschäftlichen Terminen, will jeder aus seiner Sicht als Gewinner aus dem Gespräch gehen. Ebenso im privaten Umfeld: Lasst euch niemals, wirklich niemals auf Diskussionen ein.

Sei schlagfertig!

Ich erinnere mich an eine Situation mit einem Vorgesetzten von mir, der gänzlich anderer Meinung zu einer Strategie war und mit sehr lauter Stimme sagte „Ramona, willst du etwa mit mir streiten – es wird so gemacht, wie ich es sage!" Meine Reaktion „Ich? Mit dir streiten? Niemals! Dafür verschwende ich meine Energie nicht!" Sein Blick war einmalig, und ich werde ihn lange in Erinnerung behalten.

Übe deine Schlagfertigkeit!

Auch wenn es Sprüche sind, die unter die Gürtellinie gehen und sehr respektlos sind, lass sie nicht stehen. Übe deine Schlagfertigkeit und bereite dir für diverse Situationen die passende Antwort vor. Manchmal bedarf es einfach eines klaren, konkreten und unmissverständlichen Neins! Ebenso bei sexistischen Sprüchen!

Hier ein paar Beispiele, die ich selbst erlebt habe:

„Ramona, schön, dass du zu unserer Besprechung dazu kommst, ich dachte du bringst uns Kaffee mit?"
Ich: *„Na, das ist doch dein Job! Bring mir gleich einen Latte Macchiato mit!"*

„Ramona, schreibst du Protokoll!"
Ich: *„Nein!"*

„Ramona, komm sag schon, wem hast du einen geblasen, dass du so schnell die Karriereleiter hochgekommen bist?"
Ich: *„Die Frage ist, wer hat mich geleckt!"*

Natürlich bedarf es Mut und viel Schlagfertigkeit, im gleichen Moment zu reagieren. Es gibt kein Richtig und kein Falsch. Wichtig ist, dass du so reagierst, wie du dich wohl fühlst. Wenn du dich in so einer Situation besser fühlst, nicht zu reagieren, ist es völlig in Ordnung. Wenn du aber dann abends im Bett liegst und dich ärgerst, was du alles hättest antworten können, dann tue es das nächste Mal! Mach es einfach! Wehre dich und gib eine Antwort!

Sei professionell

Sei immer und jederzeit professionell, denn am Ende des Tages wird immer unterm Strich abgerechnet, und es zählen immer die Ergebnisse. Daher glänze immer mit deinen Ergebnissen! Hierfür ist es erforderlich, Vorleistung zu erbringen, Vertrauen aufzubauen, die Extrameile zu gehen und vor allem viel, viel Herzblut in deine Arbeit reinzustecken.

Erst recht bei schwierigen Personen

Und gerade die herausfordernden Personen, wie dein Vorgesetzter, dein schwieriger Kunde oder gar deine Kollegen, werden dann keine Argumente mehr gegen dich haben, denn deine Ergebnisse und dein Track-Record sprechen einfach für sich. Du brauchst nicht zu diskutieren, und du verschwendest nicht deine Energie. Du glänzt und performst ganz allein durch deine sehr guten Leistungen.

Nimm anderen den Wind aus den Segeln!

Damit nimmst du jedem Gegner, Hater oder nervigen Chef den Wind aus den Segeln! Glaub mir, das funktioniert immer. Dafür ist es jedoch erforderlich, dass du viel Durchhaltevermögen mitbringst. Du gehst da DURCH, du HÄLST es aus und am Ende kommt das VERMÖGEN!

Notiere dir hier Situationen und Sprüche, die dir passiert sind und du dir gewünscht hättest, schlagfertig zu antworten. Überlege dir jetzt, wie du heute antworten würdest und stell dir die Situation neu vor und male sie dir neu aus.

1.) _____

    Antwort: _____

2.) _____

    Antwort: _____

3.) _____

Antwort: _____

4.) _____

Antwort: _____

5.) _____

Antwort: _____

6.) _____

Antwort: _____

7.) _____

Antwort: _____

8.) _____

Antwort: _____

Unsere Art zu kommunizieren und unsere Sprache sind einige der wichtigsten Werkzeuge, die wir besitzen.

FRAUEN &
BUSINESS
by Ramona Porfetti

4. Erfolgsprinzip: Achte auf deine Sprache und deine Haltung!

Unsere Art zu kommunizieren und unsere Sprache sind einige der wichtigsten Werkzeuge, die wir besitzen. Viele Menschen achten dabei nicht, wie sie dieses Werkzeug nutzen, dabei sind sie so mächtig und wertvoll.

Mit der Sprache können wir beispielsweise Emotionen, Gefühle hervorrufen, positive als auch negative. Wir können wertschätzend mit unseren Worten sein, aber auch verletzend. Wir können Frieden stiften und Kriege anzetteln. Und das alles mit der Macht der Wörter, die unseren Mund verlassen.

Sprachhygiene

Es ist sehr wichtig, im Berufsleben auf eine saubere und klare Sprache zu achten. Vermeide Weichmacher wie:

Sollte
Könnte
Möchte
Vielleicht
Eigentlich
Mal
u.v.m.

Diese Wörter sind unhygienisch, ein Zeichen von Inkompetenz und Unsicherheit. Daher vermeide sie gänzlich und ersetze sich durch eine klare, konkrete und unmissverständliche Sprache.

Schau dir folgende Formulierungen an mit und ohne Weichmacher und lasse die Energie und die Bedeutung dieser auf dich wirken:

1. „Am Montag muss ich eine Vertragsverhandlung führen!"
   „Am Montag führe ich Vertragsverhandlung XY!"

2. „Nächste Woche werde ich mit meiner Diät anfangen"
   „Nächste Woche fange ich mit meiner Diät an"

3. „Vielleicht könnten Sie meine Gehaltserhöhung berücksichtigen"
   „Berücksichtigen Sie bitte in der nächsten Gehaltsplanung meine Erhöhung!"

4. „Treffen wir uns mal auf einen Kaffee"
   „Lass uns am Freitag auf einen Kaffee treffen"

5. „Ich sollte heute mal kochen!"
   „Ich bereite heute ein wunderbares Abendessen vor"

Begeisterung und Leidenschaft in der Sprache

Lebe mit Begeisterung und lass dies in deine Sprache einfließen. Lass dein Gegenüber wissen, wie glücklich du dich fühlst, wie dankbar du bist, dieses Gespräch zu führen und wie wertvoll die gemeinsame Zusammenarbeit ist.
Ein „Gut" auf die Frage „Wie geht's dir?" reicht nicht aus, um Begeisterung und Leidenschaft hervorzurufen. „Mir geht es heute fantastisch, hast du dieses wunderbare Wetter gesehen? Bereits das Vogelzwitschern der Vögel heute Morgen hat mich sehr glücklich gemacht!" Was für ein gewaltiger Unterschied. Lass dies bitte auf dich wirken, und achte ganz bewusst auf deine Sprache, und traue dich aus dir heraus und nutze die wunderbaren und vielfältigen Möglichkeiten unserer Sprache.

Kompetenz in deiner Sprache

Übe eine kompetente und professionelle Sprache und vermeide umgangssprachliche Wörter und Sätze. Im Berufsleben hat die Umgangssprache nichts zu suchen, ebenso wenig Schimpfwörter. Wenn dir das mal rausrutscht, entschuldige dich bei deinem Gegenüber. Am besten vermeidest du Schimpfwörter auch in deinem privaten Umfeld, sodass dir das beruflich gar nicht erst passieren kann. Auch dein privates Umfeld hat eine saubere und klare Sprache von dir verdient.

Professionalität in deiner Sprache

Lasse hier immer wieder deinen Track-Record in deinen Gesprächen fließen. Insbesondere in Meetings und vor allen Dingen in Kundengesprächen. Sprich immer mit Zahlen, Daten, Fakten. Lasse deine Ergebnisse immer wieder fallen und erwähne sie ganz beiläufig, als wäre es das Normalste der Welt.

Tue Gutes und sprich darüber

Diesen Spruch habt ihr bestimmt bereits gehört, aber er ist so weise und wahr. Tue Gutes = bring Ergebnisse und sprich darüber. Feier dich und deine Ergebnisse und deine Zielerreichung! Viele Frauen gehen durchs Berufsleben mit „Tue Gutes und schweige darüber!" Mach das niemals, und falls du bisher so durchs Leben gegangen bist, hör jetzt sofort damit auf. Wenn du an deinem Leben und an deinem Erfolg nichts ändern willst, darfst du gerne so weitermachen wie bisher.

Mach dir Gedanken über deine Ergebnisse und Erfolge der letzten 3 Monate und welche Tätigkeiten du in deinen nächsten Meetings, Gesprächen und Kundenterminen „beiläufig" erwähnst:
Sprich über deine guten Taten:

1.) _____

2.) _____

3.) _____

4.) _____

5.) _____

6.) _____

7.) _____

8.) _____

9.) _____

10.)_____

Diese Erkenntnisse und diese Klarheit bauen deine Kompetenz, deine Professionalität und deinen Wert im Berufsleben dermaßen auf, dass sich deine Sichtweise um 180° C ändern wird. Durch deine Achtsamkeit in der Sprache wird sich dein Gegenüber drastisch verändern. Du erkennst plötzlich, dass alle um dich herum mit Zahlen, Daten, Fakten sprechen, und in solchen Momenten wirst du schmunzelnd an mich denken! Ich freue mich auf diese Momente!

Die Macht deiner Stimme

Unsere Stimme hat eine einzigartige Farbe und einen Klang. Nutze die Vielfalt der hohen und tiefen, der lauten und leisen Töne und der Pausen, um deinen Worten und dem Gesagten mehr Betonung und Intensität zu geben. Es gibt nichts Schlimmeres, als sein Gegenüber mit einer monotonen Stimme zu langweilen. Ihr kennt das sicherlich? Ist doch grauenvoll und einschläfernd.

Sprich nicht piepsig!

Gerade als Frau achte darauf, in nicht allzu hohen Tönen zu sprechen, gerade, wenn wir aufgeregt sind, ist das bei vielen ein großes Thema. Lege Pausen ein und achte auf deine Atmung. Wenn du merkst, du kannst dich nicht entspannen, verlasse kurz den Raum, geh auf die Toilette und atme ganz tief ein und aus. Wenn deine Stimme weiterhin sehr hoch ist, sprich das Wort „gnam gnam gnam" aus; das entspannt deine Stimmbänder.

Lampenfieber und Angst

Die Angst, vor anderen Menschen zu sprechen und zu referieren, haben viele Menschen. Das ist keinesfalls negativ und keine Schwäche. Die Angst ist ein Urvertrauen in uns und hat die Aufgabe, uns zu schützen und somit ist sie niemals negativ.

Dein 5-Schritte-Plan durch die Angst

1. Akzeptiere die Angst und lehne sie nicht ab. Leugne sie nicht. Nimm sie wahr, bedanke dich dafür, dass sie dich schützen will.

2. Kommuniziere mit der Angst. Frag deine Angst, warum sie dich schützen will und horche in die hinein, warum du diese Gefühle empfindest.

3. Analysiere die Antwort. Die Angst gibt uns ein klares Bild, warum sie Angst hat. Oftmals ist es die Angst des Versagens und der Ablehnung. Gerade, wenn wir vor vielen Menschen sprechen sollen, eine Präsentation halten, hält uns die Angst davon ab, da wir im Kopf negative Bilder produzieren. Wir stellen uns vor, wie wir vorne stehen und unseren Text vergessen. Wir stellen uns vor, wir stolpern, und alle fangen an zu lachen, oder, oder, oder.

Unsere Angst ist ein Kopfkino-Regisseur

4. Akzeptiere die Bilder dieses Kopfkinos, analysiere sie und fühl dich in die Situation hinein. Was passiert, wenn angenommen, das so eintritt, wie es sich in deinem Kopf abspielt In dem Moment hast du zwei Varianten. Die erste Möglichkeit ist, dir für diese Situation einen Plan B auszudenken oder die zweite Möglichkeit zu vermeiden.

   Ein Beispiel: In meinem Kopfkino stelle ich mir vor, ich gehe auf die Bühne und vergesse meine vorbereitete Rede. Ich fühle hinein und habe Angst, dass alle im Publikum denken, ich sei die größte Versagerin. Ich akzeptiere diese Bilder und male mir aus, es tritt wirklich so ein. Wie reagiere ich? Ich überlege mir ein oder zwei Sätze, die ich in dem Fall sagen kann, wie z.B. „Liebes Publikum, schön dass ihr heute alle da seid und mir all eure Aufmerksamkeit schenkt. Ich hatte mir das Reden vor einem Publikum viel einfacher vorgestellt, doch jetzt muss ich feststellen, wie herausfordernd das ist und wieviel Vorbereitung und Klarheit es bedarf. Ich habe meine Rede leider vergessen und freue mich, Sie beim nächsten Mal wieder hier begrüßen zu dürfen!" Na, wie klingt das? Nach einer gestandenen Persönlichkeit mit viel Mut und Klarheit.

In meinem Kopfkino stelle ich mir jetzt diese Situation vor und wie das Publikum herzlich applaudiert und im Anschluss einzelne Personen auf mich zukommen und mir von ihren Erlebnissen erzählen und wie meisterlich ich diese Situation gerettet habe.

5. Ich mache aus meinem Worst-Case einen Best-Case und gehe so mit einem positiven Gefühl an die Präsentation heran. Was glaubt ihr, wie gut die Rede und der Auftritt werden? Eine Meisterleistung.

Raus aus der Schwere, rein in die Leichtigkeit

Ängste, Blockaden und Lampenfieber erschweren uns das Leben, das kannst du sicherlich nachempfinden. Sie sind wie schwere Steine, die wir uns in die Hosentaschen reinlegen. Durch diese Schwere kommen wir nur sehr langsam voran. Befreie dich von dieser Schwere, lass es los und lass dich in die Leichtigkeit treiben. In der Leichtigkeit des Seins werden dir alle Aufgaben einfach von der Hand gehen, denn dir kann nichts passieren. Habe einen unerschütterlichen Glauben in dich selbst und in deine positive Absicht.

Deine Haltung und deine Körpersprache

Dein Erscheinungsbild und deine Haltung sind das Erste, was deinem Gegenüber auffällt und einen Eindruck hinterlässt. Viele Menschen gehen mit der Einstellung durchs Leben „Es zählen nur meine inneren Werte" Diese zählen auch, aber was dein Gegenüber als erstes sieht und wahrnimmt, ist dein Äußeres. Wir können das nicht verhindern. Daher achte immer auf deine Körpersprache, wie du sitzt, wie du stehst und welche Signale du deinem Gegenüber sendest.

Sauberkeit und Pflege

Achte immer auf ein sauberes und gepflegtes Erscheinungsbild. Über Mode und Geschmack lässt sich bekanntlich streiten. Ich gebe an dieser Stelle keine speziellen Businessoutfits-Tipps. Eines gebe ich dir mit, sei immer authentisch und fühle dich wohl in deiner Kleiderwahl. Wähle immer den Anlässen entsprechende Outfits, und sei auch hier immer kompetent und professionell. Es ist nicht notwendig, sich die teuersten und besten Hosenanzüge anzuschaffen oder in den höchsten Absätzen herumzulaufen. Wenn du dich darin nicht wohl fühlst, wirst du auch nicht kompetent und vor allem nicht authentisch rüberkommen.

Du strahlst das aus, was du fühlst

Achte auf einen ausgewogenen, gesunden und vor allem rauchfreien Lebensstil, denn deine körperliche Gesundheit strahlst du nach außen aus. Eine gesunde, strahlende Haut, strahlende Zähne, ausgeschlafene Augen wirst du nicht verstecken können. Das ist deine Visitenkarte und macht dich einzigartig und wunderschön.
Dein Körper ist dein Tempel, daher pflege ihn und gehe sorgsam mit ihm um. Gönn dir regelmäßige Massagen, Kosmetikbehandlungen und arbeite aktiv daran, um deinen Selbstwert, dein Selbstbewusstsein, dein Selbstvertrauen und deine Selbstliebe zu steigern.
Notiere hier deine Versprechen an dich selbst, welche Dinge du im Bereich Sprache und Haltung ab heute angehen willst, um deinen Selbstwert, dein Selbstbewusstsein, dein Selbstvertrauen und deine Selbstliebe zu erhöhen:

1.) _____ **Wie oft?**_____

2.) _____ **Wie oft?**_____

3.) _____ **Wie oft?**_____

4.) _____ **Wie oft?**_____

5.) _____ **Wie oft?**_____

6.) _____ **Wie oft?**_____

7.) _____ **Wie oft?**_____

8.) _____ **Wie oft?**_____

9.) _____ **Wie oft?**_____

10.) _____ **Wie oft?**_____

Lege hier fest, welche drei Punkte du in der kommenden Woche direkt umsetzt:

1.) _____

2.) _____

3.) _____

Dein Wohlbefinden, deine Entspannung und deine Selbstliebe strahlst du nach außen aus. Sei dir deiner Kraft und deiner Ausstrahlung immer bewusst. Alle Menschen strahlen Energie aus. Welche Energie möchtest du ausstrahlen?

Alle Menschen strahlen Energie aus. Welche Energie möchtest du ausstrahlen?

by Ramona Perfetti

5. Erfolgsprinzip: Wenn du unterschätzt wirst – zieh sie über den Tisch!

Das ist wirklich eine meiner Lieblingserfolgsregeln! Warum? Denn als kleine 1,58 m große Frau in einer beruflich männerdominierten Immobilienwelt habe ich unzählige Geschichten zu erzählen, beispielsweise von Momenten und Gesprächen, bei denen meine Gegenüber mich, als gestandene und erfahrene Geschäftsmänner, unterschätzt haben.

Sie lehnten sich lediglich an ihre Erfahrung und bereiteten sich gar nicht auf die Gespräche vor. Und im Gespräch stellte sich für mich heraus, dass sie sich in dem Bereich gar nicht auskannten und sich nur an ihren Status „Geschäftsführer" oder „Vorstand" lehnten und wirklich der tiefsten Überzeugung waren, sie wären mir überlegen.

Doch gerade in diesen Momenten zahlten sich für mich mein Fleiß und mein Durchhaltevermögen aus, denn meine Vorbereitung war so kostbar und brachte mir die positiven unternehmerischen Ergebnisse. Genau in diesen Momenten kam es auf meinem Charme und meine Professionalität an, und ich ließ mich in keiner Sekunde von „witzigen" Sprüchen beunruhigen. Ich konzentrierte mich auf das Wesentliche und glänzte mit meinen Ergebnissen.

Sei immer vorbereitet!

Bereite dich immer auf alle Termine vor, sei es ein internes Meeting, ein Kundengespräch, eine Vertragsverhandlung oder ein Pitch. Kenne deine Zahlen und vor allem deinen Track-Record, sodass du nachts geweckt werden und ihn aufsagen kannst. Deine Zahlen, Daten,

Fakten müssen dir in Fleisch und Blut übergehen. Kenne deine Projekte, kenne deine Kunden und vor allen Dingen kenne dein nahes Umfeld: deine Kollegen und deine Vorgesetzten.

Lerne dein Umfeld kennen

Was beschäftigt die Menschen in deinem Umfeld, was ist ihre Absicht und vor allen Dingen was sind ihre Ziele. Kenne ihre Wünsche und ihre Sorgen, sodass du auf sie eingehen kannst und empathisch und zuvorkommend gewisse Situationen besser einschätzen und dementsprechend handeln kannst.

Angenommen, dein Kollege ist kürzlich Vater geworden, frage ihn, wie er sich mit dieser neuen Situation zurechtfindet und wie es seinem Kind geht. Empathie und ehrliches Interesse öffnet Türen und Tore. Wenn ein Meeting ansteht und offene Themen seitens deines Kollegen noch nicht erledigt sind, weißt du auf Grund deines Gespräches, dass er aktuell wenig Schlaf bekommt und seine genervte Reaktion auf deine Erinnerung nichts mit dir zu tun hat. Genau diese Momente geben dir Gelassenheit, darüberzustehen und den Kollegen freundlich zu fragen, ob er denn eine Unterstützung aus dem Team benötigt.

Sei immer freundlich und zuvorkommend!

Habe immer ein offenes Ohr für andere, denn durch deine Freundlichkeit wirst du immer herausstechen. Dein Umfeld wird sich gerne mit dir unterhalten und holt sich sehr gerne bei dir einen Ratschlag. Wichtig ist hier allerdings, dass es nicht darum geht, „everybody's darling" zu sein, denn dann bist du „everybody's depp"! Deine Freundlichkeit und Offenheit sollten immer von Herzen kommen und wirklich ernst gemeint sein.

Sage deine Meinung und steh dazu!

Hast du zu einem Thema oder zu einem Projekt eine andere Meinung, dann teile sie mit. Jedoch immer mit den passenden kompetenten Argumenten. Deine Anmerkungen sollten intelligent und hilfreich sein. Das mag vielleicht merkwürdig klingen, aber Klugscheißer mag keiner, daher achte darauf, was und wie du dich in deiner Meinungsäußerung gibst.

Akzeptiere Gegenwind

Es gibt drei Arten von Menschen: Diejenigen, die dich lieben und unterstützen. Diese Menschen fördern und begleiten dich in deiner Entwicklung. Sie schenken dir Energie und inspirieren dich, viel Herzblut in dein Projekt zu stecken.

Die weitere Art von Menschen sind diejenigen, die dich nicht lieben. Die sogenannten „Hater". Sie können dich einfach nicht leiden, und es funkt einfach nicht zwischen euch. Egal, was du sagst, diese Person hat immer ein Gegenargument, und im schlimmsten Fall lässt sie dich kaum bis niemals ausreden.

Die dritte Kategorie von Menschen sind die Neutralen, die sogenannten „Kamillentee-Personen". Sie mögen dich nicht, aber sie hassen dich auch nicht. Es sind die Personen, die durchschnittlich durchs Leben gehen und die dein Handeln und deine Persönlichkeit einfach nicht interessiert.

Egal, was du in deinem Leben tust, es wird immer eine dieser Personen in deinem Umfeld geben. Du triffst immer auf die Kamillentee-Personen und auf die Hater. Du kannst es ihnen nie recht machen. Daher konzentriere dich immer und einzig und allein auf deine Fans! Diese Menschen sind ganz besonders, investiere also so viel Zeit und Energie wie möglich in sie!

Mach dir Gedanken über diese drei Arten von Menschen in deinem Umfeld und trage hier die Namen ein:

Deine Fans:

1.) _____

2.) _____

3.) _____

Deine Hater:

1.) _____

2.) _____

3.) _____

Deine Kamillentees:

1.) _____

2.) _____

3.) _____

Entscheide dich bewusst, dich jetzt von den Hatern zu trennen. Nimm einen roten Stift und streiche diese Namen bewusst durch. Wenn notwendig, lösche und blockiere sie aus deinem Telefonbuch und von deinen Sozialen Netzwerken. Das ist so befreiend!

Ziehe deine Leistungsgrenze

Gerade im Berufsumfeld ist es als Frau mehr als notwendig, dass du deine Grenzen kennst und sie auch nach außen kommunizierst. Sind Unmengen an Themen zu erledigen, du fühlst dich überfordert und unfair behandelt; dann sprich es an und zieh deine Grenze. Du hast bereits zu Beginn des Buches gelernt – Wir haben keine Erwartungen, sondern ganz hohe Ansprüche, denn wir arbeiten aktiv an unserem Erfolg und unserer Erfüllung.

„Erwartungen sind was für Anfänger"
Daniel Huchler

Wir sind Profis, und daher sprechen wir unsere Grenzen immer an und klären diese, bevor es ausartet und der Frust so groß ist, dass er wie ein Vulkan aus uns herausplatzt. Das ist nicht kompetent und schon gar nicht professionell.

Analysiere und mach dir deine eigene Leistungsgrenze bewusst und entscheide jetzt, wem du genau deine Grenze mitteilen wirst.

Wichtig ist, dass du dir zu allen Punkten auch dein Warum beantwortest, denn dein Gegenüber wird dich nach einer Begründung fragen. Durch eine klare und konkrete Antwort kannst du deine Absicht erklären.

1.) _____   Wann?_____

Warum? _____

2.) _____   Wann?_____

Warum? _____

3.) _____ Wann?_____

Warum? _____

4.) _____ Wann?_____

Warum? _____

5.) _____ Wann?_____

Warum? _____

6.) _____ Wann?_____

Warum? _____

7.) _____ Wann?_____

Warum? _____

8.) _____ Wann?_____

Warum? _____

9.) _____ Wann?_____

Warum? _____

10.) _____ Wann?_____

Warum? _____

Ziehe deine Spaßgrenze

Ebenso wichtig im Berufsfeld und als Frau ist es notwendig, dass du deine Spaß- bzw. deine Flirtgrenze kennst. Höre in dich hinein und entscheide selbst, was du willst und was nicht. Es gibt kein Richtig oder Falsch, nur du kannst das für dich festlegen. Es ist jedoch enorm wichtig, gerade bei diesem Thema, es offen zu anzusprechen, denn dein Gegenüber kann nicht wissen, was du willst und was nicht.

Ich bin zum Beispiel ein sehr offener und kommunikativer Mensch, und man kann mit mir viel lachen und Spaß haben. Eine Sache, die ich jedoch beruflich nicht leiden kann, ist, wenn man mich antätschelt und nach nur einem Termin meint, mein „Best-Friend" zu sein. Und genau in solchen Momenten liegt es an mir, es direkt und unmissverständlich zu kommunizieren. Mein Gegenüber kann das nicht wissen.

Analysiere und mach dir deine eigene Spaßgrenze bewusst und entscheide jetzt, bei wem du genau deine Grenze ansprechen wirst.

Wichtig ist, dass du dir zu allen Punkten auch dein Warum beantwortest, denn dein Gegenüber wird dich nach einer Begründung fragen. Durch eine klare und konkrete Antwort kannst du deine Absicht erklären.

1.) _____ Wann?_____

Warum? _____

2.) _____ Wann?_____

Warum? _____

3.) _____ Wann?_____

Warum? _____

4.) _____ Wann?_____

Warum? _____

5.) _____ Wann?_____

Warum? _____

6.) _____ Wann?_____

Warum? _____

7.) _____ Wann?_____

Warum? _____

8.) _____ Wann?_____

Warum? _____

9.) _____ Wann?_____

Warum? _____

10.) _____ Wann?_____

Warum? _____

BUCHE DEIN UNVERBINDLICHES BERATUNGSGESPRÄCH

15 Minuten für deine Strategie

Entfalte deine Berufung

Ich wünsche mir, dass du bis hierhin all deine Aufgaben erarbeitet hast und du jetzt eine klare Vorstellung deiner Ziele und deiner Vision hast.

Deinen Beruf ausüben oder deine Berufung leben?

Das sind unterschiedliche Dinge. Erlernst du einen Beruf und absolvierst eine Ausbildung oder ein Studium und bleibst in diesem Beruf, so übst du diesen aus. Es sagt aber nichts darüber, ob du es willst und schon gar nicht, ob du es wirklich willst.

Viele Menschen üben einen Beruf aus, der sie nicht erfüllt und den sie nicht mit ganzem Herzen ausüben. Sie machen es einfach, weil es sich nicht gehört abzubrechen und etwas anderes zu machen.

Wer legt das fest?

Nur du allein kannst festlegen, ob du in einem Beruf bleibst und ihn ausübst. Nur du allein kannst entscheiden, ob du es willst oder nicht. Es gibt hier kein Richtig oder Falsch. Nur dein Herz ganz allein kann dir die Antwort liefern.

Halte nicht daran fest!

Dein Herz liefert dir die Antwort, dass es nicht dein Beruf ist. Dann halte nicht an diesem Beruf fest. Keiner zwingt dich, 20, 30 oder gar 40 Jahre, tagein, tagaus ein und denselben Beruf auszuüben. Vor allem dann, wenn du keinen Spaß und keine Erfüllung darin findest.

Befreie dich von deinen Ängsten und Zweifeln

Deine Ängste können dich lähmen und deine Zweifel, wie das Wort bereits sagt, dich ent-zweien! Du bist nicht eins mit dir und somit nicht in deinem vollen Element. Ein Leben voller Zweifel lässt sich nicht leben. Ängste und Zweifel blockieren dich, denn du drehst dich nur im Kreis. Du bleibst bei deinem Verstand und hörst nicht auf dein Herz.

Mach dir Gedanken und beantworte offen die Frage, welche Ängste und welche Zweifel dich blockieren und warum:

1.) _____ **Warum?** _____

2.) _____ **Warum?** _____

3.) _____ **Warum?** _____

4.) _____ **Warum?** _____

5.) _____ **Warum?** _____

6.) _____ **Warum?** _____

7.) _____ **Warum?** _____

8.) _____ **Warum?** _____

9.) _____ **Warum?** _____

10.) _____ **Warum?** _____

Analysiere, welche drei Ängste und Blockaden dich am allermeisten Hindern:

1.) _____ Warum?_____

2.) _____ Warum?_____

3.) _____ Warum?_____

Entscheide dich jetzt bewusst, dich von deinen Ängsten und Blockaden zu trennen. Nimm einen roten Stift und streiche diese Ängste bewusst durch. Gehe auf Seite 21 zurück und schaue dir die Aufgabe „Angenommen Angst spielt keine Rolle!" an und sprich dir Mut zu, für die Dinge und Träume, die du ohne Angst erreichen willst.

Ab heute ist es nicht mehr nur ein WUNSCH, sondern du kommst ins TUN!

by Ramona Perfetti

Komm vom Denken ins Handeln

Sobald du dich von deinen Ängsten und Zweifeln befreit hast, kommst du vom Denken ins Handeln, denn dein Verstand ist abgeschaltet, und du hörst auf dein Herz. Dein Herz sagt dir immer die Wahrheit. Hör ihm zu und folge ihm. Komm in Bewegung und ins Tun.

Lebe deine Berufung

Folge deinem Herzen, und es zeigt dir den Weg zu deiner Berufung. Das, was du gerne machst, das, was du besonders gut machst. Habe Spaß an deiner Berufung und lebe es durch und durch mit voller Begeisterung und Freude.

Das Leben besteht aus Freude und Begeisterung

Dein Leben ist ein Geschenk, es ist pure Freude und Begeisterung, dein volles Potenzial zu leben und deiner Berufung nachzugehen.

Was ist deine Berufung, und welche Rollen nimmst du ein?

Gerade Frauen neigen dazu viele Rollen einzunehmen und für alle und jeden da zu sein. Die große Retterin und Helferin der Nation hilft uns jedoch nicht, unserer tiefen und wahren Berufung nachzugehen. Wir finden uns in Rollen wie Tochter, Schwester, Ehefrau, Partnerin, Freundin, Mutter, Arbeitgeberin, Arbeitnehmerin, Sportlerin, Künstlerin, u.v.m. wieder.

Betrachte all deine Rollen und gib deinen Rollen eine Note von 1-10 (1 wenig Spaß – 10 viel Spaß und Freude)

1.) _____ Note?_____

2.) _____ Note?_____

3.) _____ Note?_____

4.) _____ Note?_____

5.) _____ Note?_____

6.) _____ Note?_____

7.) _____ Note?_____

8.) _____ Note?_____

9.) _____ Note?_____

10.) _____ Note?_____

Analysiere zuerst, welche drei Rollen dir am wenigsten Spaß machen:

1.) _____ Note?_____

2.) _____ Note?_____

3.) _____ Note?_____

Analysiere jetzt, welche drei Rollen dir am meisten Freude bereiten:

1.) _____ Note?_____

2.) _____ Note?_____

3.) _____ Note?_____

Diese Offenheit und Klarheit geben dir Kraft und Power, dich von den Rollen zu trennen, die dir keinen Spaß machen und dich vor allen Dingen viel Energie kosten. Fokussiere dich auf die Rollen, die dir viel Freude bereiten. Diese machen dich glücklich, erfüllen dich und lassen dich deiner Berufung nachgehen!

Lebe und liebe dein Leben!

Nimm die Abkürzung!

Wenn mir vor 17 Jahren bei Berufseinstieg jemand erzählt hätte, es gäbe eine Abkürzung, dann hätte ich sie dankend angenommen. Was für eine Erleichterung und Unterstützung!

Und genau das ist der Grund für dieses Buch und warum ich dir meine Erfolgsprinzipien an die Hand gebe. Damit du, meine Liebe, die Abkürzung nehmen kannst. Aber wie bereits gesagt, das Wissen allein reicht nicht aus, du bist selbst für die Umsetzung dessen verantwortlich.

Umfeld

Es ist so wichtig, hier auf sein Umfeld zu achten. Im engen Umfeld oder sogar in der Familie heißt es oft „Ach, lass es doch! Frauen bekommen diesen Posten eh nicht!" Ich habe diesen Satz schon sehr oft von Menschen, die mir sehr nahestanden, gehört. Solche Sätze sind nicht motivierend, ganz im Gegenteil, denn dann probiert man es erst gar nicht.

Deine Träume und Ideen

Deine Visionen teilst du bitte nur mit einem positiven Umfeld. Einem Umfeld, das das gleiche Ziel hat: zu wachsen! Diese Menschen motivieren dich und geben dir jeden Tag neue Kraft durchzuhalten, denn Erfolg und Zielerreichung geschieht nicht umgehend. Es ist ein Naturgesetz. Du musst da durchgehen, es aushalten, und dann folgt das Vermögen, bzw. dein Ergebnis. Teile deine Ziele mit ausgewählten und positiven Menschen!

Erfolg über Nacht gibt es nicht!

Dieses Buch wird dich nicht über Nacht erfolgreich machen und auch nicht nach ein paar Wochen. Aber ich verspreche dir, dass du Tag für Tag mit der Umsetzung dieser Regeln, und vor allem durch deine eigene Klarheit, eine neue Person in dir entdecken wirst. Eine Person, die Wünsche und Träume hat. Eine Person, die nach etwas brennt. Eine Person, die mehr will vom Leben!

Hör hin!

Verdränge diese Gedanken nicht, lasse sie zu und höre in dich hinein. Wenn du dich aufgewühlt fühlst, dann schreibe dir genau auf, welche Gefühle du empfindest. Verschriftliche immer alles, um deine Klarheit zu finden. Die Selbsterkenntnis ist die beste Erkenntnis.

Schriftlichkeit!

Genau deswegen ist dieses Buch ein Arbeitsbuch geworden, um dir deine eigene Klarheit zu verschaffen. Das Buch habe ich einzig und allein für dich, liebe Leserin, geschrieben, um dich in deiner Entwicklung weiterzubringen und um dir die Abkürzung zu zeigen, denn warum sollte ich meine Erfahrungen für mich behalten?

Unterlassene Hilfeleistung

Die unterlassene Hilfeleistung ist ein Straftatbestand des Strafrechts Deutschlands und in § 323c StGB geregelt. Behalte ich all meine Erfahrungen und mein Wissen für mich, fällt es in meiner Welt und aus meiner Sicht unter dieses Gesetz. Ich kann nicht damit leben, dass ich Menschen und gerade Frauen, meine Hilfe nicht anbiete.

Vorbild sein!

Meine Rolle als Vorbild nehme ich sehr ernst, daher arbeite ich auch täglich und mit viel Durchhaltevermögen an meinen Zielen. Gerade in diesem Moment ist es 04:23 in der Nacht, und ich habe mir fest versprochen, morgen dieses wunderbare und kostbare Buch fertigzuschreiben. Also ziehe ich es durch, für dich, damit du es so schnell wie möglich gedruckt in deiner Hand halten kannst. In mein Wissen und meine Fähigkeiten investiere ich regelmäßig viel Zeit und Geld, denn mein höchstes und wertvollstes Investment bin ICH selbst! Und das Erlernte und Erlebte teile ich sehr gerne mit dir, damit es dich weiterbringt. Geben ist das kostbarste Gut.

Vorbild haben!

Über die Jahre hatte ich die unterschiedlichsten Vorbilder und Mentoren. Sie waren für mich glänzende Sterne am Himmel, die mir den Weg zeigten. Der Weg war teilweise steinig und vor allem schattig. Durch sie konnte ich diese Steine überspringen und durch ihr Strahlen und ihren Glauben in mich wuchs ich über mich hinaus. Sie sahen mein Potenzial und gaben mir viel Zuspruch und motivierten mich immer, die Extrameile zu gehen. Wie ein Groupie folgte ich ihnen auf Schritt und Tritt, denn mein Ziel war es, eines Tages so zu sein wie sie.

Annette Buchmann!

Ein großer Dank an dieser Stelle an eines meiner großen weiblichen Vorbilder, Annette Buchmann, die mir vor vielen Jahren das Asset Management lehrte. Mit ihrer Leichtigkeit, Gelassenheit und ihrem Charme lernte ich, kompetent und professionell zu sein.

Delphine Simone!

Des Weiteren Delphine Simone, die mich lehrte, als Frau stark und taff zu sein und für seine Ergebnisse einzustehen. Ihre Professionalität, ihre Bodenständigkeit und vor allem ihr Gespür für große Deals sind unschlagbar. Ich bewunderte sie sehr und bin ihr sehr dankbar, dass sie mir in meinen jungen Jahren lehrte, was alles möglich ist, wenn man hart genug dafür arbeitet. 100% + 10% + Unmengen von Herzblut habe ich definitiv von ihr vorgelebt bekommen.

Daniel Huchler!

Im Bereich Persönlichkeitsentwicklung und Businessaufbau begleitet mich seit Januar 2020 Daniel Huchler. Er ist mein allergrößtes Vorbild, was Durchhaltevermögen angeht und vor allem, wie man aus seinem sicheren Beamtenjob als Polizist in die Selbstständigkeit geht. Heute, knapp 2 Jahre später, verdient er bereits im 7-stelligen Bereich. Und das darf man ihm erstmal nachmachen. Wirklich Hut ab und meinen allergrößten Respekt.
Ich bin sehr dankbar, von ihm zu lernen und vor allen Dingen, dass er so sehr an mich glaubt und mir in den letzten Monaten gezeigt hat, wie wertvoll es ist, anderen Menschen zu helfen und seine Erfahrungen zu teilen. Ohne ihn wäre dieses Buch nicht entstanden.

Coaching!

Durch mein eigenes Coaching mit meinem Coach und Mentor Daniel Huchler bin ich sehr tief in die Selbstanalyse gegangen und durchlebte harte und heilsame Prozesse. Diese Prozesse haben mich bis hierhergebracht und mich dazu bewogen, mein Wissen in diesem Buch zu teilen. Nie hätte ich es mir erträumt, so viele Projekte in kürzester Zeit umzusetzen. Vor allem mit so viel Leichtigkeit, Glücksgefühl und so viel Klarheit. Diese Klarheit hätte ich allein so niemals finden können. Ich bin sehr dankbar, meine zweite Berufung gefunden zu haben und mit dieser vielen Menschen zu helfen, in ihr

Potenzial zu kommen. Ihnen zu helfen, Mut zu fassen, ihren eigenen ganz persönlichen Weg zu gehen.

Als Führungskraft begleitete ich bisher meine Mitarbeiter und in anderen Funktionen bereits große Projektteams und junge Talente, doch immer in den Unternehmen, in denen ich gerade tätig bin.

Durch das Coaching wurde mir klar und bewusst, wie wertvoll meine Erfahrungen und meine Arbeit sind. Warum sollte ich dann nicht allen anderen diese Hilfe anbieten?

Und so konnte ich nur die eine wahre und richtige Entscheidung für mich treffen, ins Coaching-Business einzusteigen und meine Skills zu erweitern. Ich liebe es von tiefstem Herzen, anderen Menschen bei ihrer Zielerreichung zu begleiten. Es ist ein tiefer und sinnerfüllender Beruf für mich, und ich bin sehr dankbar, diesen Weg zu gehen!

Nimm auch du die Abkürzung!

Mit diesem Buch hast du bereits eine Abkürzung genommen. Auch du kannst dich für ein Mentoring oder ein Coaching bei mir entscheiden, um die weitere Abkürzung zu gehen, um deinen ganz persönlichen Weg schneller und individueller zu gehen.

Vorbilder, Mentoren und Coaches sind hierfür deine besten Begleiter. Finde die für dich richtigen Personen und frage um Hilfe und Support.

Es liegt in deiner Hand, welchen Weg du einschlägst. Dein Weg, dein Leben, deine Entscheidungen!

Leadership

Viele Menschen träumen von einer hohen Position, davon, an der Spitze zu sein und Mitarbeiter zu führen. Sie träumen von Macht, und wenn sie diese Positionen erreichen, üben sie diese Macht endlich über ihre Mitarbeiter, oder besser gesagt, über ihre Untertanen aus. Sicherlich kennt ihr solche Typen von Führungskräften.

Im Laufe meiner beruflichen Laufbahn habe ich als Angestellte unzählige Führungskräfte und Vorgesetzte gehabt. Ich durfte die unterschiedlichsten Charaktere und die noch unterschiedlicheren Führungstechniken kennenlernen. Alle folgenden Charaktere sind ausdrücklich nicht nur auf Männer bezogen. Die Bezeichnungen sind nur der Einfachheit in der männlichen Form geschrieben.

Führungskräfte, die keiner will und doch hat

Führungskräfte, die diese Bezeichnung wortwörtlich nahmen und mit viel Kraft führten. Unmögliche Charaktere, mit denen man kaum mehr als fünf Minuten verbringen möchte. Da waren die Choleriker, die Napoleons, die Vergesslichen, die Faulen, die Geizigen, die Unfreundlichen – einfach alles dabei!

Kaum zu glauben, dass es heutzutage noch Führungskräfte und Chefs gibt, die einen klein halten. Die nicht das Potenzial sehen und schon gar nicht entfalten. Dabei liegt es doch so sehr in der Hand, das eigene Personal so zu fördern, dass es seine Bestleistung erbringt, um am Ende des Tages einen Mehrwert für das Unternehmen zu schaffen. Doch leider haben viele Führungskräfte Angst, durch die Förderung ihrer Mitarbeiter ihren eigenen Posten zu verlieren. Der Mitarbeiter könnte sie dann womöglich überholen. In meinen Augen eine völlig verkehrte Welt, denn eine Führungskraft bildet sich stetig weiter, arbeitet täglich an seiner eigenen Persönlichkeit und kann gar nicht stehen bleiben. Und Angst zu haben, dass die eigenen Mitarbeiter einen überholen? Das ist ziemlich armselig.

Diese armseligen Führungskräfte führen dann aus ihrer Sicht strategische Gespräche mit den Mitarbeitern, um sie auf angebliche Fehler hinzuweisen. Es wird so pauschalisiert und bis zum Gehtnichtmehr heruntergezogen. Ohne jegliche Beweise.

Alles, um entweder keine Gehaltserhöhung zu gewähren oder die nächste Karrierestufe zu sabotieren. Das erleben tagtäglich viele Mitarbeiter. Und gerade wir Frauen lassen uns bei solchen Gesprächen fertigmachen, weinen und verstehen plötzlich die Welt nicht mehr. Aber sei beruhigt, es hat nichts mit dir als Person zu tun; es hat einzig und allein mit deiner Führungskraft zu tun.

Förderung der Mitarbeiter

Mitarbeiter sollten für ihre weitere Entwicklung gefördert und gepusht werden, auch wenn das bedeutet, dass sie höhere Aufgaben, Verantwortung oder Position anstreben. Das ist doch wundervoll. Es gibt nichts Schöneres und Wertvolleres, als einen Mitarbeiter auf seine nächste Stufe zu heben. Manchmal bedeutet diese Entwicklung auch, dass ein Mitarbeiter das Unternehmen verlassen muss, aber das hat niemals etwas mit mir zu tun. Lieber begleite ich ihn auf seiner Jobsuche und gebe hilfreiche Tipps für den Wechsel, als das ich einen unzufriedenen Mitarbeiter habe, der halbherzig arbeitet.

Auf den nächsten Seiten schauen wir uns die unterschiedlichsten Charaktere, wie negative und herausfordernde Führungskräfte, an und analysieren dabei, welche Strategie uns bei unserer Zielerreichung hilft.

Der Choleriker

Diese Art von Menschen ändern von jetzt auf gleich nicht nur ihre Meinungen, sondern auch ihre Launen. Grauenvoll! Als Mitarbeiter weißt du nie, wie du dran bist. Es ist wie beim Russisch-Roulette – du fragst dich ständig, bist du jetzt fällig oder nicht. Als zurückhaltende Person ist es dein Ziel, natürlich niemals in der Schusslinie zu stehen, damit du es ja überlebst. Doch Erfolg und Standing erarbeitest du dir damit nicht. Wenn du erfolgreich sein willst und im Unternehmen mehr erreichen willst, ist es sehr wichtig, dass du dich diesen Persönlichkeiten stellst. Traue dich! Traue dich, deinen Mund aufzumachen und wehre dich! Denke an deine Leistungsgrenze, die du bereits ausgearbeitet hast. Habe eine sehr hohe Meinung von dir selbst, und du wirst sehen, dass es dir mit jedem Mal immer einfacher fällt, dich zu wehren und deine Position zu beziehen.

Der Napoleon

Unter dem Napoleon-Komplex beschreibt man Menschen, die auf Grund ihrer kleinen Köpergröße, durch ihr Verhalten und ihre Machtausübung andere Menschen klein halten. Üblicherweise wird diese Eigenschaft Männern zugeschrieben. Nicht, dass du mich jetzt in diese Schublade steckst. Stell dir jetzt einfach mein Lächeln vor.

Bei solchen Persönlichkeiten ist es sehr wichtig, mit eigenen Ergebnissen zu glänzen und ihnen damit den Wind aus den Segeln zu nehmen. Das ist ganz wichtig! Lass dich niemals auf Diskussionen ein, denn ein kleiner Napoleon hat niemals Unrecht, also wirst du diese Gespräche niemals als Gewinner verlassen. Deine Ergebnisse und deine Zielstrebigkeit bringen dich ans Ziel! Habe an dieser Stelle viel Geduld und Durchhaltevermögen!

Man muss das Licht der anderen nicht auspusten, um das eigene leuchten zu lassen!

Phil Bosmans

Der Vergessliche

Diese Art von Vorgesetzten sind diejenigen, die denken und sogar auch sagen „Was interessiert mich mein Geschwätz von gestern". Du stimmst mit ihnen was ab, rennst los, erledigst die Themen, und am darauffolgenden Tag wird es revidiert, denn so habe er es gar nicht gemeint. Immer hat der Mitarbeiter es falsch verstanden, und jedes Mal denkst du dir: „Wart's ab, nächstes Mal nehme ich dich auf!" Doch natürlich machst du es nicht. Jedes Mal nimmst du es dir vor, das Gespräch zu protokollieren, es wenigstens in einer E-Mail festzuhalten, und dann tust du es doch nicht. Deine Glaubwürdigkeit in Bezug auf deine Projekte, deine Kollegen oder sogar deine Kunden, bröckelt. Dich frustriert es, und am liebsten willst du deine Tätigkeit aufgeben. Gib niemals auf und wiederhole folgende Sätze:

„Ich bin ein Gewinner!
Ich gewinne immer!
Komme was da wolle!"

Ernst Crameri

Sei bei vergesslichen Menschen immer strukturiert, organisiert und nimm dir immer fünf Minuten Zeit, um die Gespräche schriftlich festzuhalten. Führe ein Notizbuch, in dem du alle Gespräche notierst mit Datum und dem Besprochenen. Um auf der ganz sichereren Seite zu sein, halte das Vereinbarte per E-Mail oder per Aktennotiz fest. Am Ende kann es sein, dass diese Person das Geschriebene auch nicht interessiert, aber du warst somit deine hohen Ansprüche und vor allen Dingen deine Professionalität und deinen Ruf.

Der Faule

Eine ganz besondere Spezies, denn diese Art von Führungskräften ist besonders gut im Delegieren. Selbst übernehmen sie kaum bis keine operativen Aufgaben und schaffen es nicht einmal, sich nach dem Händewaschen die Hände selbst abzutrocknen. An alle, die meinen Humor nicht verstehen, ihr könnt gerne weiterblättern oder mein Buch zur Seite legen. Ich kann völlig damit leben. Ja, diese Charaktere sind meine ganz persönlichen Lieblingsfreunde. Der Faule ist so faul und in seiner Welt so schlau, weil er bis ins kleinste Detail alle Tätigkeiten abgibt und am Ende aber die Ergebnisse sich selbst zuschreibt. Obendrauf kommt noch dazu, dass er seinen Mitarbeitern keine Wertschätzung äußert und ihre Extrameilen als selbstverständlich sieht.

Hier helfen folgende Strategien:

Klar und unmissverständlich ansprechen, dass du für seine Arbeit und Aufgaben nicht verantwortlich bist. Deine Leistungsgrenze muss definiert und angesprochen sein, ganz besonders schriftlich. Wenn diese Personen die Lorbeeren dafür einsammeln, sprich es direkt an und am besten im Team, denn deine Kollegen werden ganz bestimmt deine Meinung teilen.

Der Geizige

Das ist auch eine ganz besondere Spezies. Sie erwähnen immer und jederzeit ihr Budget, wie knapp doch alles sei, und es stehe auf gar keinen Fall auch nur ein einziger Cent für eine Lohnerhöhung zur Verfügung. Dienstreisen sind auf das Mindeste zu reduzieren. Deine Getränke zahlst du im Büro selbst, und wenn du alleine mit ihm Mittagessen gehst, zahlst du natürlich dein Essen auch selbst. Es finden keine Weihnachtsfeiern statt, wenn, dann organisiert er eine Grillparty und jeder bringt etwas mit. Ein Traum von einer Party! Egal, welche Themen anstehen; für nichts gibt es Geld. Doch im Büro fährt der Herr mit seinem Porsche vor, der neueste Anzug muss es immer sein und vor allen Dingen die neuesten technischen Gadgets, die er im schlimmsten Fall nicht mal bedienen kann. Ich gehe davon aus, dass du mein Augenrollen spüren kannst. Hier hilft nur eins: Halte immer und jederzeit deinen Track-Record bereit und argumentiere immer mit deinen Zahlen. Kenne deine Zahlen, Daten, Fakten auswendig, und diese Person wird dir nicht ausweichen können.

Der Unfreundliche

Die unendliche Kratzbürste und den Grumpy-Boss, den kennen wir doch. Es ist traumhaftes Wetter, und er ist schlecht gelaunt. Es regnet, und er ist schlecht gelaunt. Kein Satz äußert einen Funken von Freude oder Freundlichkeit. Bei diesen Menschen hilft nur eins, sei noch viel freundlicher und achte noch viel bewusster auf deine leidenschaftliche Sprache voller Begeisterung. Auf die Negativität kannst du mit ganz viel Positivität herangehen. Lass dich auf wenige bis kaum Gespräche ein, wenn möglich, kommuniziere nur per E-Mail. Diese Grenze wird dir helfen, in deinem Element zu bleiben.

Ein Glas Wasser mit Tinte

Stell dir ein Glas mit klarem Wasser vor und lasse einen Tropfen Tinte hineinfallen. Was passiert mit dem Wasser? Das Wasser verfärbt sich und wird trüb. Und so ist das mit deiner Energie, wenn du mit solchen Menschen kommunizierst, die permanent und immer schlecht gelaunt sind. Vermeide sie!

Mach dir Gedanken über deine Führungskraft, Kollegen oder Kunden, welche Charaktereigenschaften sie haben und überlege dir für deine Zielerreichung die für dich passende Strategie:

1.) _____ Strategie? _____

2.) _____ Strategie? _____

3.) _____ Strategie? _____

4.) _____ Strategie? _____

5.) _____ Strategie? _____

6.) _____ Strategie? _____

7.) _____ Strategie? _____

8.) _____ Strategie? _____

9.) _____ Strategie? _____

10.) _____ Strategie? _____

Lege hier fest, welche drei Punkte du in der kommenden Woche direkt umsetzt:

1.) _____

2.) _____

3.) _____

4.) _____

5.) _____

Was für eine Führungskraft bist du?

Ob du bereits in Führungsposition bist oder nicht, beantworte diese Frage für dich. Wir Menschen arbeiten mit Menschen, und so sind wir immer im Austausch und in der Förderung anderer Menschen. Auch wenn wir diese Aufgabe und diese Verantwortung nicht bewusst und offiziell übertragen bekommen haben, der Gedanke daran bringt dich in einen Denkprozess. Welch eine Art von Führungskraft stellst du dir vor? Was sind deine Ansprüche an eine Führungskraft? Kannst du diese Ansprüche selbst einhalten? Angenommen, du bist eine Führungskraft, welche Ansprüche hast du an deine Mitarbeiter? Erfüllst du als Mitarbeiter die Ansprüche, die du selbst an einen Mitarbeiter hast?

Diese Fragen sind sehr wertvoll, nimm dir bewusst die Zeit, um sie ausführlich auf den nächsten Seiten zu beantworten.

Checkliste – Leadership

Was bedeutet für mich die Aufgabe und die Verantwortung einer Führungskraft?

_____

_____

_____

Welche Art von Führungskraft wünschst du dir als Vorgesetzten? Was sind deine Ansprüche an eine Führungskraft?

_____

_____

_____

Angenommen, du bist eine Führungskraft, welche Ansprüche hast du an deine Mitarbeiter?

_____

_____

_____

Erfüllst du als Mitarbeiter die Ansprüche, die du selbst an einen Mitarbeiter hast? Wenn ja, wie?

_____

_____

Führungskräfte, die jeder will

Auf meinem Weg bin ich auch wunderbaren und charismatischen Persönlichkeiten begegnet und bin sehr stolz, die Möglichkeit gehabt zu haben, mit ihnen zu arbeiten und viel von ihnen zu lernen. Es waren sowohl junge als auch gestandene Menschen mit vielen Menschenkenntnissen, die einfach wussten, wie man Teams und Menschen führt. Für mich der Inbegriff von Leader!

Was ist ein Leader?

Ein Leader ist für mich eine sehr starke Persönlichkeit, die vorausgeht und als Vorbildfunktion dient. Sie ist erfahren, taff, gelassen und steht für ihre Mitarbeiter ein. Diese Person schützt und sorgt für ihr Team und fordert und fördert die Weiterentwicklung und positive Ergebnisse. Ein Leader toleriert Fehler, denn es sind große Learnings für das Team und das Unternehmen, um voranzukommen und neue Strategien auszuarbeiten. Ein Leader ist ein Visionär, der das große Ganze sieht und fest davon überzeugt ist, gemeinsam mit seinem Team diese Ziele zu erreichen.

Was haben Leader gemeinsam?

Diese wunderbaren Persönlichkeiten, die ich kennenlernen durfte, waren oder sind u.a. Inhaber von Investmentunternehmen, Fondmanager, Investmentbanker, Vorstandsmitglieder, Gesellschafter, Doktoranten, Hausmeister, Kollegen auf Augenhöhe, Dienstleister, Investoren, Unternehmer, Bänker, Taxifahrer, Hoteliers, Rechtsanwälte, Architekten, Ingenieure, Monteure, und viele, viele mehr. All diese Persönlichkeiten sind über die Jahre, positiv in meiner Erinnerung geblieben, wirklich alle hatten eine Eigenschaft gemeinsam, sie waren und sind alle sehr *charmant*!

Deswegen und dadurch ist mein Erfolgsprinzip Nr. 3 entstanden!

Mein Versprechen

Als ich meine Führungsrolle übernahm, gab ich mir selbst ein Versprechen und Commitment, das ich niemals breche:

„Ramona, sei die Führungskraft, die du dir immer gewünscht hast!"

Dieses Versprechen hat für mich eine tiefe und sehr wichtige Bedeutung, und ich wiederhole sie täglich, bevor ich in den Tag starte. Ich vertraue meiner positiven Absicht, all meine Teammitglieder individuell zu betrachten und als großes Ganzes auf unserer Mission auf dem Weg zu unseren Zielen zu fördern.

Jedes Teammitglied ist wertvoll

Jeder einzelne Mitarbeiter hat seine Bedürfnisse, seine Wünsche, seine Herausforderungen und seine eigenen privaten und beruflichen Ziele. Jeder Einzelne ist so kostbar und ein wunderbares Geschenk für diese Welt. Nichts steht über dem Wohl meiner Teammitglieder.

Keiner steht über einem anderen

In meiner Welt gibt es keine Über- und Untergeordnetheit. Wir sind ein Team auf Augenhöhe, jeder einzelne packt mit an und unterstützt den anderen in der Zielerreichung. Als Vorbild gehe ich voran und gehe immer die Extrameile und stecke Unmengen an Herzblut hinein. Eine offene und vertrauensvolle Kommunikation unterstreicht dieses Führungsverhalten und vor allen Dingen das große Vertrauen und der Glaube an alle, sich zu entfalten und ihre Berufung auszuüben.

High-Performing auf höchstem Niveau

Diese High-Performing-Regel unterstreicht dabei meine Arbeit, und als Leader lebe ich das vor:

- Keine Rechtfertigungen
- Kein Jammern
- Keine Opferstories
- Keine Diskussionen
- Kein Gelaber

Herausforderungen und Tiefpunkte

Große und kleine Herausforderungen stellen sich uns jeden Tag. Die entscheidende Frage ist, wie gehen wir damit um? Gerade dieses Jahr hat uns gezeigt, wie wichtig es ist, am eigenen positiven Mindset zu arbeiten, um sich in schwierigen Situationen nicht aus der Bahn werfen zu lassen.

Helmut Schmidt sagte mal: „In der Krise zeigt sich der wahre Charakter", und gerade in den letzten Monaten haben wir diesen Satz immer und immer wieder gehört. So viel Wahrheit steckt in diesem Satz, denn gerade, wenn es schwierig und herausfordernd wird, zeigt sich, aus welchem Holz wir geschnitzt sind. Große Persönlichkeiten haben in solchen Zeiten immer durchgehalten und haben noch viel mehr geleistet und erst recht alles gegeben!

Gib niemals auf!

Halte dich immer an deinen Vorbildern und deinen Versprechen fest und führe und fördere deine Mitarbeiter, deine Kollegen, deine Mitmenschen zu Höchstleistung und zu positiven Ergebnissen. Gemeinsam wachsen bedeutet, gemeinsam Herausforderungen zu meistern und durchzuhalten!

Energie

Als Führungskraft ist es notwendig, das Team immer mit positiver und offener Energie zu führen und Momente des Vertrauens zu schaffen. Durch das Vertrauen und durch die Offenheit entsteht eine positive Dynamik des Austausches. Gerade mit den Herausforderungen ist es heilsam, über die Themen, die einem auf dem Herzen liegen, offen im Team zu sprechen, denn als Profis erwarten wir nicht, sondern sprechen es aktiv an. Du siehst, die eiserne Regel der Erwartungen und der Ansprüche zieht sich durch wie ein roter Faden.

Authentizität

Sei immer und überall authentisch. Verstelle dich nicht, um anderen zu gefallen oder eine gewisse Rolle einzunehmen. Du bist du! Sei, wie du bist! Wenn du authentisch bist, bist du in deinem vollkommenen Element und entfaltest dein Potenzial. Dadurch kannst du ehrlich und offen vom Herzen heraus kommunizieren. Sprich immer aus dem Herzen und schalte das Denken aus.

Denke nicht –
FÜHLE!

by Ramona Perfetti

Polarisiere!

Bildungssprachlich bedeutet polarisieren „Gegensätze schaffen". Es bezieht sich auf das Trennen einer Gruppe in verschiedene Lager, mit gegensätzlichen Ansichten. Du hast damit immer Leute, die dich feiern und dich lieben und ebenso im Gegensatz Leute, die dich überhaupt nicht mögen. Das ist vollkommen in Ordnung. Du kannst und du willst nicht jedem gefallen, denn du bist du! Durch das Polarisieren erschaffst du deine Positionierung, deine Merkmale und vor allem dein Standing!

Eine Kollegin sagte vor einiger Zeit zu mir: *„Ramona, du weißt schon, dass du mit dieser Einstellung in der Führungsrolle ziemlich allein dastehst?"*
Ich: *„Ja, klar! Und das ist vollkommen in Ordnung! Aus meiner Sicht habe ich recht und die anderen aus ihrer Sicht auch! Ich treffe für mich und für mein Team die für uns richtigen Entscheidungen!"*

Ich bin nicht wie andere und werde auch nie wie andere sein! Ich bin ich, und du bist du!

Akzeptiere oder ändere es!

Bist du Teil eines Teams, mit dem du bestimmte Muster, Werte und Verhalten nicht teilst, hast du genau zwei Möglichkeiten. Nicht mehr und nicht weniger. Entweder du akzeptierst es und arbeitest dir deine individuellen Strategien aus, wie du mit diesen Personen oder Situationen umgehst oder du nutzt die einzige Alternative: Es ÄNDERN!

Es nützt nichts, sich den ganzen Tag zu beklagen, zu beschweren und mitzuteilen, wie unfair, unkollegial und böse doch dein Chef, deine Kollegen oder dein Kunde sind. Warum nützt es nichts? Weil du diese Menschen nicht ändern kannst.

Triff eine Entscheidung, und das ist DEINE Entscheidung; entweder du akzeptierst es oder du änderst es. Wie kannst du es ändern? Indem du die Situationen, den Arbeitgeber, die Kollegen oder die Kunden wechselst. Du denkst jetzt sicherlich: „Ja, das ist nicht so einfach!" Doch genauso ist es, wie die Buchstaben, die diese Zeile füllen. Es ist so!

In meinem 17 Jahren Berufserfahrung habe ich öfter Teams, Arbeitgeber, Städte, Freunde, Partnerschaften geändert. Warum?
Weil ich für mich meine Entscheidung getroffen habe, es nicht weiter zu akzeptieren.

Triff hier und jetzt deine Entscheidungen, welche Dinge du weiterhin akzeptieren willst und welche Dinge du ändern willst. Wichtig dabei ist, sobald du die Entscheidung getroffen hast, etwas zu ändern. Setz dir deswegen eine Deadline und arbeite aktiv daran, die Situation zu ändern.

Meine Entscheidung „Ich ändere das!"

1.) _____ bis Wann?_____

2.) _____ bis Wann?_____

3.) _____ bis Wann?_____

4.) _____ bis Wann?_____

5.) _____ bis Wann?_____

Meine Entscheidung „Ich akzeptiere es!"

1.) _____

2.) _____

3.) _____

4.) _____

5.) _____

Wichtig ist es, sobald du die Entscheidung getroffen hast, diese Situationen oder Personen zu akzeptieren und dass du nie wieder jammerst oder dich darüber aufregst. Die Akzeptanz schließt ab.

Die Macht des Netzwerks

Ein Netzwerk ist eine Gruppe von Menschen, die durch gemeinsame Ansichten, Interessenten oder bestimmte Themen miteinander verbunden sind, wie ein Netz. Diese Netzwerke sind eng miteinander verbunden, das Miteinander und das gegenseitige Unterstützen ist ein großer Bestandteil. Männer sind als Beispiel wunderbare Networker, denn über die Jahre bilden sie sich ihre beruflichen „Cliquen", treffen sich regelmäßig, tauschen sich aus (sprechen immer und jederzeit über ihren Track-Record) und geben sich notwendige Tipps zum Vorankommen.

Durch das Netzwerken entstehen Synergien, Geschäfte, Abschlüsse, nicht selten Freundschaften und einzigartige Geschäftsideen.

Wie kannst du als Frau ein Netzwerk aufbauen?

Zu Beginn fängst du in deinem nahen und bestehenden Umfeld von Kunden, Kollegen, Dienstleistern, Auftraggebern, Lieferanten an. Tauscht euch mit diesen Menschen aus und stellt Fragen, um sie und ihre Unternehmen besser kennenzulernen:

- Wie viele Mitarbeiter beschäftigen Sie?
- Wo ist Ihr Büro?
- Wie lange führen Sie bereits Teams?
- Wie sind die Strukturen und wer ist Entscheider?
- Wer ist ihr Vorgesetzter?
- Wie ist das Betriebsklima?
- Wie groß ist Ihr Team?

Ehrliches und wahres Interesse

Zeige wahres und ehrliches Interesse an deinem Gegenüber, und du wirst sehen, wie schnell du den Menschen besser kennenlernst und wie viel einfacher die gemeinsame Arbeit funktioniert. Achte jedoch darauf, dass du kein Verhör daraus machst und die Person sich bei deinen Fragen nicht unwohl fühlt. Frag häppchenweise und nicht alles bei einem Treffen. Sei locker und von ganzen Herzen an dem Menschen interessiert.

Geburtstage

Wie im privaten Leben, so ist es im Business auch – Menschen lieben ihren Geburtstag und fühlen sich sehr wertgeschätzt, wenn du an diesem besonderen Tag an sie denkst. Sei aufmerksam! Stehst du dem Menschen näher, schenke auch eine Aufmerksamkeit. Wir Menschen lieben Aufmerksamkeiten und Geschenke!

Krankheit und Trauer

Zeige auch in herausfordernden Zeiten ehrliches Interesse an deinem Gegenüber. Krankheiten und auch Trauer nehmen uns privat sehr mit und können uns schnell aus der Bahn werfen. Wie wertvoll ist es dann, wenn im beruflichen Umfeld Verständnis und große Anteilnahme gezeigt wird. Sprich dein Verständnis, deine Anteilnahme und deine Verbundenheit zu diesem Menschen immer aus. Diese Wertschätzung wird sehr viel mit deinem Gegenüber machen und ebenso mit dir!

Ehemalige Kollegen und Kunden

Halte Kontakt mit deinen ehemaligen Kollegen, Kunden, Vorgesetzten, denn diese sind wunderbare und sehr wertvolle Kontakte. Da ihr bereits miteinander gearbeitet habt, besteht hier bereits großes Vertrauen, und die gemeinsame Vergangenheit verbindet. Außer natürlich, ihr konntet euch vorher nicht leiden, dann meidet das lieber. Ich hoffe, du verstehst meinen Humor und stellst dir mein Lächeln vor!

Stammtische

Es gibt unzählige lokale, regionale und bundeweite Stammtische in den unterschiedlichsten Branchen. Nutze diese Möglichkeiten, um regelmäßig neue Leute und Gleichgesinnte kennenzulernen. Wie das Wort bereits sagt, du findest Menschen mit dem gleichen SINN! Das ist so wertvoll, und durch die gemeinsame Branche findest du schnell Anschluss und bestimmt auch ein Thema, um dich 10-15 Minuten auszutauschen.

Social Media

Die Kraft und die Power der Plattformen sind gewaltig. Mit einem Klick hast du heutzutage die Möglichkeit, neue Menschen kennenzulernen, dich auszutauschen, ohne dein Zuhause oder dein Büro zu verlassen. Längst haben sich berufliche Plattformen wie Xing und LinkedIn durchgesetzt und werden vermehrt für die Vermarktung der eigenen Unternehmen und für das Recruiting verwendet. Nutze diese Plattformen aktiv für deine Positionierung und den Ausbau deines Netzwerkes. Aktualisiere regelmäßig dein Profil, dein Profilbild und poste aktiv über deine beruflichen Aktivitäten. Auch und erst recht auf Social-Media-Seiten, denn die Kraft deiner Reichweite ist gewaltig.

Tue Gutes und sprich darüber!

Tue Gutes und sprich darüber!

**FRAUEN &
BUSINESS**
by Ramona Perfetti

Unterschätze die Macht nicht!

Unterschätze niemals die Macht deines Netzwerkes, denn sie ist so kraftvoll und schafft Möglichkeiten, die du dir selbst nicht hättest erträumen können. Beim Networking geht es um Business, daher wende auch hier die 5 Erfolgsprinzipien an, und du wirst sehen, wie dein Netzwerk Tag für Tag wächst.

Chance des Networkings

Durch dein Netzwerk entstehen Aufträge, Umsatz, Kunden, Arbeitsangebote und somit hast du die Möglichkeit, deinen eigenen Wert über dein Netzwerk immer weiter zu erhöhen. Sei in deinem Gebiet bekannt und zeige dich, traue dich! Wenn du dich nicht zeigst, kann man dich nicht sehen. Die Sichtbarkeit ist ein entscheidender Erfolgsfaktor. Du kannst noch so fleißig, erfolgreich und zielstrebig sein, wenn es keiner sieht und weiß, bringt es dich auf deinem Weg nicht weiter.

Überlege dir und schreibe dir auf, in welchen Bereichen du aktiv an deinem Netzwerk arbeiten willst und bis wann:

1.) _____ bis Wann?_____

2.) _____ bis Wann?_____

3.) _____ bis Wann?_____

4.) _____ bis Wann?_____

5.) _____ bis Wann?_____

Löst euch endlich von den Männern!

Du darfst, du kannst, du willst und du machst es auch allein!

Erkenne, wie viel Power und Leidenschaft in dir steckt. Lass es raus, und brenne für deine Wünsche und deine Visionen. Du darfst deinen Weg ganz allein gehen! Viele Frauen hängen an der Nabelschnur ihrer Männer. Das ist wirklich grauenvoll. Im Kindes- und Jugendalter abhängig von den Eltern, später von den Lehrern oder Dozenten, dann mit dem Erwachsenwerden und mit einer Partnerschaft direkt in die Abhängigkeit einer anderen Person.

Du bist eine eigenständige Person

Versteh, dass du eine eigenständige Person mit eigenen Bedürfnissen bist. Du kannst deinen Weg natürlich mit einer anderen Person teilen, und das ist wunderschön, doch du solltest niemals abhängig von ihr sein. Du bist ein freies Individuum und ein Kind Gottes, mit dem großartigen Geschenk, deine eigenen Entscheidungen treffen zu können.

Du brauchst keinen Mann, um glücklich zu sein!

Dein Glück und deine Erfüllung findest du in dir selbst, und nur du allein bist verantwortlich für dein Glück. Entscheide dich immer zuerst für dich, dann für das Wohl anderer oder deines Partners.

Du bist sicherlich bereits einmal geflogen. Bei den Sicherheitsunterweisungen erklärt das Personal, falls es zu einem Sauerstoffmangel kommt, sich zuerst SELBST die Maske anzuziehen, dann Kindern und Mitreisenden! Diese Regel ist lebensnotwendig.

So ist es auch in deinem Leben und auf deinem Erfolgs- und Erfüllungsweg; zuerst schaust du nach deinen Bedürfnissen und dann nach den Bedürfnissen anderer.

Stecke nicht mehr zurück!

Ich kenne einige Frauen, die für die Karriere ihres Mannes 10 oder 15 Jahre lang alles zurückgesteckt haben. Zu seinem Wohl und für seine Erfüllung haben sie sich um den Haushalt und die Kinder gekümmert. Sie haben sich selbst nie verwirklicht. Nachdem die Kinder herangewachsen waren, merkten sie plötzlich, dass ihr eigener Sinn nicht mehr vorhanden war. Und der Mann ist längst bei einer anderen Frau gelandet.

Sei nie wieder abhängig!

Sei unabhängig, habe deine eigene Berufung, deinen eigenen Sinn und verdiene dein eigenes Geld! Es gibt doch nichts Schlimmeres, als dass sich eine Ehefrau um die Kinder kümmert und zum Einkaufen ihren Mann immer noch nach Geld fragen muss. Noch schlimmer ist es, wenn sie zurückkommt und er auch noch kontrolliert, ob das Restgeld passt. In meiner Welt und aus meiner Sicht unvorstellbar und inakzeptabel.

Verschiedene Rollen!

Du kannst Mutter sein, du kannst Ehefrau sein, und du kannst auch arbeiten! Auch alles gleichzeitig! Wie verrückt ist das denn, dass das funktioniert. Viele Frauen beweisen tagtäglich, dass es machbar ist. Die Frage ist nur, willst du es, oder willst du es nicht? Wo ein Wille ist, ist immer und jederzeit ein Weg! Unzählige Beispiele kann ich dir nennen von Frauen, die Kinder haben, auch zwei oder drei und dennoch arbeiten! Sie sind Angestellte, sie sind selbstständig, sie sind Geschäftsführerinnen von großen Unternehmen. Es ist alles machbar! Wenn sie es können, warum solltest du es nicht auch schaffen?

Der Bauernhof

Ein Bauer pflegt und hegt seinen Bauernhof mit voller Leidenschaft. Er hat Hühner, Pferde, Schweine, Katzen, Hunde und baut Kartoffeln, Gemüse, Obst an. Er produziert Milchprodukte u.v.m. All diese Tiere bedürfen einer besonderen Pflege und eines gesonderten Ernährungsplans und teilweise sogar anderer Zeiten. Das Gemüse muss zu den unterschiedlichsten Jahreszeiten gesät werden und bedarf einer ganz individuellen Pflege. Ein Bauer hat die unterschiedlichsten Projekte und bekommt alles unter einen Hut.

Der Bauer sagt nicht: „Also jetzt kümmere ich mich erstmal 4 Jahre nur um die Pferde!" Niemals, denn alles andere würde darunter leiden und sogar sterben!

Dein Bauernhof

Mach dir bewusst, dass wenn du dich „nur" um deinen Mann und deine Kinder sorgst und das auch noch für ein paar Jahre, du danach aufwachst und alles andere ist verstorben.

Willst du dich ein paar Jahre vergessen? Willst du einen Teil von dir absterben lassen, weil du dich, wie der Bauer, jetzt nur noch um einen Teil deiner Tiere kümmerst?

Beantworte für dich offen und ehrlich, welche Tiere, Gemüse und Obst du in deinem Bauernhof pflegst und warum:

1.) _____ Warum?_____

2.) _____ Warum?_____

3.) _____ Warum?_____

4.) _____ Warum?_____

5.) _____ Warum?_____

6.) _____ Warum?_____

7.) _____ Warum?_____

8.) _____ Warum?_____

9.) _____ Warum?_____

10.) _____ Warum?_____

Selbsterkenntnis

Die Selbsterkenntnis ist immer die beste und ehrlichste Erkenntnis, denn es ist immer deine Wahrheit. Sei immer offen und ehrlich zu dir selbst, denn nur so bist du dir selbst treu und schützt deinen eigenen Selbstwert!

Unglückliche Partnerschaften

Das Leben ist viel zu kostbar und viel zu schön, um es mit dem falschen Partner zu verbringen. Unzählige Partnerschaften quälen sich Jahr für Jahr in einer Beziehung oder einer Ehe, die sie gar nicht mehr wollen. Eine Trennung kommt nicht in Frage, da die Angst zu groß ist, was die anderen doch nur denken werden. Auch das schlechte Gewissen den gemeinsamen Kindern gegenüber hält Menschen in unglücklichen Partnerschaften. Ob ein unglückliches Miteinander, Unzufriedenheit und Streit den Kindern guttut, ist zu bezweifeln.

Denk an dich und nicht an die anderen!

Was die anderen denken, ist wirklich ganz egal! Weißt du warum? Denn sie denken sowieso, was sie wollen, egal was du machst! Deswegen sei dir immer selbst treu, denn du lebst dein Leben! Die anderen, die eventuell vielleicht schlecht über deine Trennung denken könnten, leben ihr eigenes Leben. Sie stecken nicht in deiner Haut. Sie ertragen nicht tagein und tagaus deinen Partner, den du einfach nicht mehr sehen willst. Glaub mir, die anderen sind mit ihren eigenen Themen beschäftigt, sodass sie am Ende nicht mal eine Sekunde über dein Leben nachdenken.

Habe immer sehr hohe Ansprüche!

Genauso wie im Business habe auch zu Hause immer sehr hohe Ansprüche! Sprich mit deinem Partner immer offen darüber, was du willst und was du nicht willst! Diese Klarheit und Offenheit von beiden Seiten erleichtern das Miteinander und den gemeinsamen Weg.

Ich, Du & Wir

Behalte in deiner Partnerschaft den Fokus immer darauf, dass ihr beide getrennte, einzigartige Wesen seid. Jeder für sich hat eigene Wünsche, Träume, Bedürfnisse und Leidenschaften. Dein Partner hat seine eigenen Hobbies und Freunde, so wie du auch. Der dritte Teil der Partnerschaft ist das Wir. Definiert eure Schnittmenge und genießt diese Zeiten gemeinsam, aber akzeptiert jeweils den eigenen Bereich des anderen.
Mach dir Gedanken über deinen eigenen Bereich, die deines Partners und eure Gemeinsamkeiten. Beantworte die Frage, ob dich diese Bereiche glücklich machen und warum:

Dein Bereich:

1.) _____ Warum?_____

2.) _____ Warum?_____

3.) _____ Warum?_____

4.) _____ Warum?_____

5.) _____ Warum?_____

6.) _____ Warum?_____

7.) _____ Warum?_____

8.) _____ Warum?_____

9.) _____ Warum?_____

10.) _____ Warum?_____

Sein Bereich:

1.) _____ Warum?_____

2.) _____ Warum?_____

3.) _____ Warum?_____

4.) _____ Warum?_____

5.) _____ Warum?_____

6.) _____ Warum?_____

7.) _____ Warum?_____

8.) _____ Warum?_____

9.) _____ Warum?_____

10.) _____ Warum?_____

Gemeinsamer Bereich:

1.) _____ Warum?_____

2.) _____ Warum?_____

3.) _____ Warum?_____

4.) _____ Warum?_____

5.) _____ Warum?_____

6.) _____ Warum?_____

7.) _____ Warum?_____

8.) _____ Warum?_____

9.) _____ Warum?_____

10.) _____ Warum?_____

Lass dir nichts einreden!

Akzeptiert dein Partner einen deiner Bereiche nicht, musst du für dich entscheiden, ob du diesen Part für ihn aufgibst oder nicht! Lass dir aber niemals etwas einreden oder dich überreden! Höre auf dich!

Triff hier und jetzt deine Entscheidungen, welche Bereiche du weiterhin durchziehen willst und welche Dinge du für deinen Partner ändern/aufgeben willst. Wichtig dabei ist, etwas zu ändern, sobald du die Entscheidung getroffen hast. Setz dir deswegen eine Deadline und arbeite aktiv daran, die Situation zu ändern.

Meine Entscheidung „Ich ändere das für meinen Partner!"

1.) _____ bis Wann?_____

2.) _____ bis Wann?_____

3.) _____ bis Wann?_____

4.) _____ bis Wann?_____

5.) _____ bis Wann?_____

Meine Entscheidung „Ich ziehe es durch und ändere mich nicht!"

1.) _____

2.) _____

3.) _____

5.) _____

5.) _____

Wichtig ist es, sobald du die Entscheidung getroffen hast, einen Bereich für deinen Partner aufzugeben, dass du es von ganzem Herzen akzeptierst und nie wieder jammerst oder dich darüber aufregst. Die Akzeptanz schließt mit dem Thema ab.

Trau dich!

Hast du die Entscheidung getroffen, einen Bereich zu behalten und dich nicht für deinen Partner zu ändern, trau dich, es offen und ehrlich anzusprechen. Erkläre deinem Partner, warum es dir so wichtig ist. Nimm dir genug Zeit für dieses Gespräch und bereite dich darauf vor. Diese Gespräche sollten nicht zwischen Tür und Angel stattfinden.

Lass dir niemals etwas einreden oder dich überreden! Höre auf dich!

Löse dich endlich von deinem Partner!

Deine Gespräche mit deinem Partner führen zu keinem Ergebnis und ihr streitet immer wieder zum gleichen Thema? Dann triff die Entscheidung, ob es noch der richtige Partner an deiner Seite ist. Beantworte dir die Frage, ob du glücklich bist? Frage dich, ob dein Partner dir Energie schenkt oder Energie raubt? Schaffe ein Bewusstsein für deine Gefühle und traue dich, deine Entscheidung laut auszusprechen.

Trennung!

Eine Trennung kann im ersten Moment schmerzhaft sein, doch im zweiten Moment erfüllt dich ein unglaubliches, wunderschönes Freiheitsgefühl. Dieses Gefühl ist eine Befreiung deines Selbst und ein erster Schritt in dein Glück, deine Erfüllung und vor allem in deine eigene Selbstliebe!

Beziehung auf Augenhöhe

Eine Beziehung sollte immer auf Augenhöhe sein. Es ist notwendig, dass man sich als Partner klar ist, welche Bedürfnisse und welche Ansprüche man hat und diese offen anspricht. Was bedeutet für dich Vertrauen? Was bedeutet für dich konkret Leidenschaft? Was bedeutet für dich Offenheit? Was bedeutet Liebe?

Jeder Mensch gibt diesen Worten eine andere Bedeutung. Wenn du eine Beziehung eingehst, solltest du dir vorher bewusst machen, welche Bedeutung du diesen Bestandteilen einer Beziehung gibst. Habe hohe Ansprüche und sprich sie offen an. Sei offen für die Ansprüche deines Partners, und analysiere gemeinsam mit ihm, ob eure Schnittmengen zueinander passen.

Überlege, was für dich in einer Beziehung sehr wichtig ist und was deine Ansprüche sind.

Konkretisiere deine Ansprüche: Klar, konkret, messbar und unmissverständlich. Als Beispiel: „Vertrauen: Mein Anspruch, dass sich mein Partner mind. 1x pro Tag telefonisch meldet."

1.) _____

2.) _____

3.) _____

4.) _____

5.) _____

6.) _____

7.) _____

8.) _____

9.) _____

10.)_____

Offenheit und Klarheit

Je offener und klarer du mit deinem Partner über deine Wünsche, Ansprüche und Ziele sprichst, desto konfliktfreier geht ihr miteinander um. Dabei ist der gegenseitige Respekt für die jeweiligen Gefühle, Emotionen und Gedanken unabdingbar.
Nimm dir in der Partnerschaft regelmäßig und am besten zu festen

Zeiten vor, tiefe und offene Gespräche zu führen. Das festigt eure Beziehung und vor allem euer Vertrauen. Du wirst den Unterschied spüren.

Nimm dir vor, in den nächsten Tagen tiefe Gesprächsthemen mit deinem Partner zu besprechen und notiere sie hier:

1.) _____

2.) _____

3.) _____

4.) _____

5.) _____

6.) _____

7.) _____

8.) _____

9.) _____

10.) _____

Frauen sind wesentlich stärker als Männer!

Wir Frauen sind wunderbare Geschöpfe und wesentlich stärker, als wir vermuten und selbst glauben! Sogar beweisen etliche Studien, dass wir Frauen das deutlich stärkere Geschlecht sind.

Viele Forscher haben bereits die Entwicklung von Frauen unter extremen, harten Lebensbedingungen wie Hunger, Epidemien und Versklavung untersucht. Mit dem Ergebnis, dass Frauen grundsätzlich länger leben als Männer. Die Forscher führen das sogar auf die hormonellen Unterschiede zurück, denn das Östrogen wirkt entzündungshemmend, wohingegen Testosteron negative Auswirkungen auf das Immunsystem haben kann.

Interessant! Das hätte ich euch auch ohne Studien und Google sagen können!

Körperliche und geistige Stärke

All diese Kraft, die wir Frauen bereits körperlich durch unsere Periode, Schwangerschaft und Geburt aufbringen, ist ein wahres Wunder! Wir Frauen haben wahrlich super Kräfte und nicht zu vergessen unseren sechsten Sinn. Einer Mutter kannst du nichts verheimlichen. Sie weiß und spürt einfach alles. Dabei muss ich so schmunzeln, denn wir alle kennen diese Situationen aus der Kindheit, in dem unsere Mutter einfach durch uns hindurchschaute. Ich fragte mich immer, wie macht sie das bloß? Heute weiß ich das. Das steckt in all uns Frauen!

Liebe und Mitgefühl

Der Dalai-Lama sagt, dass die wahre Kraft aus der Liebe und dem Mitgefühl kommt. Wir Frauen sind empathischer, sensibler und haben sehr viel Mitgefühl. Es sind wundervolle Voraussetzungen für eine Mutter, um eine Familie zusammenzuhalten und großzuziehen. Warum nicht für ein Unternehmen oder ein Business? Ein Team ist wie eine Familie. Ein Unternehmen ist wie eine Familie. Ein ganzes Land ist wie eine Familie. Das Führen durch Empathie und viel Herzlichkeit bewirkt Wunder und führt zu Zusammenhalt und Ergebnissen. Und das ist wahrlich eine ganz große Stärke von uns Frauen!

Organisationstalent und soziale Kompetenz

All das, was unsere Vorfahrinnen unter einen Hut bekommen haben: viele Kinder, Haushalt, Wäsche, Kochen, Gemüse- und Obstanbau, Tiere hüten und, und, und – muss uns doch was Positives hinterlassen haben. Wir sind unglaubliche Organisationstalente! Wir denken schon Wochen und Monate im Voraus. Haben alle Geburtstage, Jahrestage und sonstige Feierlichkeiten im Kopf. Wir haben alle Stundenpläne unserer Kinder im Blick, vergessen ihre Pausenbrote nicht und währenddessen werfen wir die Waschmaschine an, und beim Rausgehen bringen wir den Müll raus. Dazwischen wurden bereits Mails gecheckt und beantwortet. Kann das ein Mann? Hm, ich lasse das mal so stehen!

Emotional

Sei emotional und stehe dazu. Das ist gewiss keine Schwäche! Es ist eine wunderbare Stärke, die uns Frauen so besonders macht. Du bist wunderbar genau so, wie du bist. Emotionen machen uns aus und besonders. Du bist nahbar und echt! Kunden, Kollegen, Mitarbeiter schätzen mehr Emotionalität – weniger Härte! Das ist Fakt!

Sei stolz

Sei stolz, eine Frau zu sein, denn du bist ein wunderbares Geschöpf! All das, was du in deinem Leben bereits gemeistert hast, ist eine Riesenleistung, und dein weiterer Weg wird großartig und sehr bedeutend! Gib deinem Leben eine große Bedeutung, und du wirst einzigartige Ergebnisse erzielen!

Fester Glaube

Habe immer den festen Glauben und vertraue auf deine positive Absicht, das Allerbeste aus deinem Leben zu machen und vor allem, ein Meisterwerk auf dieser Welt zu hinterlassen. Ich glaube fest an dich, dass du alles, was du dir vornimmst, auch umsetzen kannst. Du bist stark, du bist wundervoll, und du bist einzigartig!

DU BIST FRAU!

DU BIST FRAU!

by Ramona Perfetti

Mich erfüllt unendliche Dankbarkeit!

Ich bin unendlich dankbar, dieses wunderbare Buch geschrieben zu haben! Ein lang ersehnter Traum geht hiermit in Erfüllung. Während ich diese Zeilen schreibe, füllen sich meine Augen mit Tränen. Tränen der Dankbarkeit und Freude. Meine ganze Energie und meine ganze Freude sind hier miteingeflossen. Mein Herz ist erfüllt und voller Stolz von so viel Durchhaltevermögen. Für dieses kostbare und so wertvolle Buch habe ich nächtelang durchgearbeitet und nicht geschlafen!

Liebe Leserin, dieses Buch habe ich für dich geschrieben! Ich freue mich sehr, wenn es dein Herz berührt und dir die Erkenntnis gebracht hat, mutig zu sein und dein Leben zu leben!

Du bist eine wundervolle Frau! Ein Geschenk für diese Welt! Lebe dein volles Potenzial und traue dich! Auch du hast Erfüllung, Glück und vor allem viel Erfolg verdient, denn du bist stark, und du bist eine FRAU!

Ich danke dir, dass du bis hierhin gekommen bist und meine Arbeit, meine Leidenschaft und all meine Energie aufgesaugt hast. Ich danke dir von ganzem Herzen für diese Wertschätzung und freue mich, dich ganz bald persönlich kennenzulernen!

Deine
Ramona

MEINE DIENSTLEISTUNG

FRAUEN &
BUSINESS
by Ramona Perfetti®

Meine Dienstleistung

Als Coach und Mentor ist es meine große Berufung, anderen Menschen dabei zu helfen, Klarheit über sich selbst zu verschaffen. Die Ergebnisse meiner Kunden erfüllen mich mit viel Glück und Dankbarkeit. Diese strahlenden Augen der Klarheit und Dankbarkeit geben mir sehr viel Liebe zurück. Deshalb freue ich mich, dir meine verschiedenen Dienstleistungen vorzustellen.

Erkenntnis

Die Erkenntnis, mich in meiner eigenen Persönlichkeit immer weiterzuentwickeln, liegt mir persönlich sehr am Herzen, denn eines Tages, wenn ich im Sterbebett liege, schaue ich auf mein Leben zurück und sage mir: „Ramona, du hast alles gegeben! Du hast in deinem vollen Potenzial gelebt, du hast mit Leidenschaft geliebt und mit voller Begeisterung das Leben gefeiert". Dieses Gefühl umhüllt mich mit viel Wärme, Geborgenheit und viel Selbstliebe.

Ich vertraue immer meiner positiven Absicht und helfe denjenigen, die meine Hilfe annehmen wollen!

Das Seminar

Im Seminar erhältst du erfahrenes Praxis-Knowhow, um dich als Frau erfolgreich und professionell im Business zu etablieren, dein Erfolgsweg selbst in die Hand zu nehmen und endlich durchzustarten.

Unter anderem lernst du die fünf Prinzipien die maßgeblich für Ramonas Erfolg sprechen: wie du dich im Arbeitsumfeld und in den Männerdomänen durchsetzt, wie du dich als Teamplayer integrierst und wie du dich als Frau erfolgreich und erfüllt im Business und Beruf entwickelst.

Die Workshops richten sich an alle Frauen im Business und im Beruf die sich weiterentwickeln wollen. Die lernen wollen sich durchzusetzen, um endlich im Business erfolgreich zu sein.

DAS SEMINAR

Das Seminar mit Ramona und den Teilnehmerinnen war wahnsinnig emotional und erkenntnisreich!

In den beiden Tagen hab ich so viel Klarheit und Stärke erhalten! Die Gruppe war gleich offen und hat einen aufgefangen!

Ich kann es jeder nur von Herzen empfehlen!!

Qualität	★★★★★
Nutzen	★★★★★
Leistungen	★★★★★
Durchführung	★★★★★
Beratung	★★★★★

✓ Kundenservice
   SEHR GUT (5,00)

✓ Aufwand / Nutzen
   SEHR GUT (5,00)

Liebe Ramona, ich bin noch immer ganz emotional und überwältigt von den 2 Tagen mit dir und den Mädels! Was du da machst ist so großartig und ich bin so dankbar, dabei gewesen zu sein! ❤️ danke für die Möglichkeit und danke, dass Du Du bist ❤️

Jedes Mal ein großer Mehrwert für die eigene Persönlichkeitsentwicklung. Das Seminar ist eine „Energietankstelle" mit vielen Impulsen, Gesprächen, Emotionen, Wertschätzung und Liebe.

Qualität	★★★★★
Nutzen	★★★★★
Leistungen	★★★★★
Durchführung	★★★★★
Beratung	★★★★★

War ein mega tolles Event 😊😊 hab so viel über mich und auch über andere gelernt! Freue mich schon auf die weitere Zusammenarbeit!

Qualität	★★★★★
Nutzen	★★★★★
Leistungen	★★★★★
Durchführung	★★★★★
Beratung	★★★★★

FEEDBACK

Das Netzwerktreffen

Die Netzwerktreffen finden in Karlsruhe, Stuttgart, Frankfurt und Köln statt.

Dieses Event richtet sich an alle Frauen, Selbständige, Unternehmerinnen und Führungskräfte sowie Business-Interessierte! Jeden Monat findet das Netzwerktreffen in den jeweiligen Regionen statt. Hier geht es um einen austauschreichen Abend mit großartigen Gesprächen und leckeren Cocktails.

Auch Online bieten wir diese Möglichkeit, damit bundesweit alle teilnehmen können.

Der Podcast

Im Podcast geht es darum, Frauen in Ihrer Weiterentwicklung zu fördern. Du erhältst erfahrenes Praxis-Knowhow rund um die Themen Selbstwert, Mindset, Charisma, Umfeld & Beziehungen, Durchsetzungsvermögen, Business-Aufbau, das Auftreten als Expertin uvm., um dich als Frau erfolgreich und professionell in deiner Branche zu etablieren.

Der Newsletter

Abonniere unseren Newsletter, um jeden Montag wertvolle Impulse für deinen Start in die neue Woche zu bekommen.
Wir geben euch wertvolle Aufgaben und Mindmaps an die Hand sowie Impulse und Gedankenanstöße für aktuelle Themen.
Außerdem informieren wir dich regelmäßig über die neusten Events die im Rahmen von Frauen&Business stattfinden.

Immobilieninvestments

Als Immobilienfachwirtin durchquerte ich in den letzten 19 Jahren die Immobilienbranche mit Fokus auf Gewerbeimmobilien. Ich belegte alle Schlüsselfunktionen, um meine ganzheitliche Expertise auszubauen und die Grundsteine meiner Karriere zu legen, als auch mein privates Immobilienvermögen aufzubauen.

In meinen Funktionen war ich für Fonds, Institutionelle Investoren, sowie private Anleger tätig und managte umfangreiche und großvolumige Portfolien u.a. für Büro und Einzelhandels-Immobilien mit einem Transaktionswert über 5 Mrd. €.

In meinen Coachings erhältst du ebenso erfahrenes Praxis-Knowhow, um dich professionell im Immobilienmarkt zu etablieren und dein eigenes Immobilienportfolio aufzubauen.

Mit diesem QR-Code gelangst du zum Netzwerktreffen, Podcast, Newsletter und allen Terminen

Das Coaching

Es stehen verschiedene Coachingprogramme für jede Lebensphase zur Verfügung. Ich passe sie individuell auf deine Bedürfnisse an und unterstütze dich entweder im 1 zu 1 Coaching, in Onlinekursen, Gruppen-Coachings oder mit individuellen Workbooks.

Dein privater, beruflicher als auch finanzieller Erfolg stehen dabei an erster Stelle. Schaue dir die einzelnen Programme an, scanne die QR-Codes und bekomme mehr Informationen.

Vereinbare dein kostenloses, unverbindliches Erstgespräch und erfahre, wie wir dir konkret dabei helfen können, dein Unternehmen zum Wachsen zu bringen.

15 Minuten für deine Strategie

FRAUEN & BUSINESS
by Ramona Perfetti

Deine 3 Monate PowerCoaching

01 Deine Persönlichkeitsentwicklung

02 Dein Warum

03 Deine Ergebnisse

04 13x PowerCoaching Calls

05 begleitendes Workbook

06 Online Zugang Videoaufzeichnungen + FB Gruppe

🎁 3x 1:1 CALLS   🎁 KURS ZUM BUCH

Deine 3 Monate PowerCoaching

5,00 von 8
★★★★★
SEHR GUT — Empfehlung

Durch das Powercoaching hat sich mein Leben in kürzester Zeit total verändert, ich habe an Selbstvertrauen gewonnen, ich habe bereits jetzt viele Komfortzonen verlassen, gelernt in der Gruppe offen zu sein, nicht nur für mich aber auch für andere Lösungen zu suchen und einfach gelernt auf mich zu hören, was ich will und was ich nicht will. Ramona ist ein wundervoller, herzlicher, offener und direkter Mensch und es ist schön zu wissen, jemanden wie sie und auch all die wunderbaren Frauen in meinem Leben zu haben! Danke

Erfahrungsbericht & Bewertung zu:
FRAUEN&BUSINESS - Das PowerCoaching

11.03.2022 | Z.

4,20 von 5
★★★★☆
GUT — Empfehlung

Mir hat das Coaching enorm dabei geholfen meine Komfortzone zu verlassen und in die Sichtbarkeit zu gehen. Dafür bin ich sehr dankbar.

Erfahrungsbericht & Bewertung zu:
FRAUEN&BUSINESS - Das PowerCoaching

09.03.2022 | Anonym

5,00 von 5
★★★★★
SEHR GUT — Empfehlung

Eine sehr kompetente, zuverlässige, liebevolle Frau. Gibt immer 110% um anderen weiterzuhelfen!

Erfahrungsbericht & Bewertung zu:
FRAUEN&BUSINESS - Das PowerCoaching

08.03.2022 | L.

4,98 von 5
★★★★★
SEHR GUT — Empfehlung

Ich bin bei Ramona im Powercoaching dabei und unglaublich froh darüber. Ramona ist für mich in der kurzen Zeit seit dem ich sie kenne ein Vorbild geworden. Sie ist die herzlichste und bewundernswerteste Frau die ich kennenlernen durfte.
Ich danke dir Ramona ❤️
PS.: Du wirst mich auch nach dem Powercoaching nicht los

Erfahrungsbericht & Bewertung zu:
FRAUEN&BUSINESS - Das PowerCoaching

11.03.2022 | L.

FEEDBACK

Meine Danksagung

Ein großes Dankeschön geht an meinen liebevollen Ehemann Sayed, der mich in meiner Entwicklung begleitet, mich immer unterstützt und an mich glaubt. Ich danke dir für deine Liebe! Ich liebe dich!

Danke an meinen Mentor Daniel Huchler und meine Kundinnen, die mich immer fordern und fördern. Ich danke euch von ganzen Herzen für euren unerschütterlichen Glauben!

Danke an all meine Feindbilder und an meine grauenvollen Vorgesetzten der letzten 17 Jahren, die mich zu meinen großartigen Leistungen gefördert haben. Ihr seid die Inspiration meiner Karriere, meiner Ergebnisse und meines Erfolgs! Dank euch weiß ich heute genau, was ich will und was ich nicht mehr will!

Danke an all meine gescheiterten Beziehungen und grauenvollen Partner, die mir gezeigt haben, unabhängig zu sein, meine Selbstliebe zu finden und vor allem zu sehen, auf was es in einer Beziehung wirklich ankommt.

Danke für deine ganz besondere und wahre Freundschaft, Kama. Du hast immer an mich geglaubt und mich mit deinen positiven Worten unterstützt! Du warst und bist immer an meiner Seite!

Vita von Ramona Perfetti

Ramona Perfetti, geboren am 28. Oktober 1986 in Sindelfingen. Sie wuchs in einer italienischen Arbeiterfamilie als lebhaftes und kaum zu bändigendes Mädchen auf. Im Kindergarten und in der Schule wurde sie als „lebhaft" und „vorlaut" bezeichnet. Als Heranwachsende entfachte sie der Ehrgeiz nach sehr guten Ergebnissen, Schuljahr für Schuljahr sammelte sie Belobigungen und Preise.

Bereits im Alter von 15 Jahren war es ihr Traum, im Immobilienbereich zu arbeiten, denn sie war fest davon überzeugt, dass Menschen, egal wie sie sich weiterentwickeln, immer in einer Immobilie leben und arbeiten werden. So startete sie 2003 eine Ausbildung als Kauffrau in der Grundstück- und Wohnungswirtschaft und besuchte die Immobilienwirtschaftsschule in München. Für die Ausbildung verließ sie das Elternhaus, um bei Verwandten in Augsburg zu leben. Für ihre Traumausbildung stand sie jeden Morgen um 4:30 Uhr auf, um rechtzeitig in München zu sein. Ihr starker Wille und ihr Durchhaltevermögen zahlten sich aus, denn zwei Jahre Ausbildung und ein Berufsschulabschluss mit der Note 1,1, beförderte sie direkt zur IHK-Abschlussprüfung, die sie mit Bravour abschloss.
Mit Abschluss ihrer Ausbildung zog sie zurück in die Heimat nach Stuttgart und beschloss, dort im technischen Management von Gewerbeimmobilien im Facility Management durchzustarten. Als junge hochmotivierte Frau durfte sie bereits hier große Herausforderungen meistern, war für zahlreiche Techniker zuständig und managte den Immobilienbestand der Sa. Oppenheim in ganz Baden-Württemberg. Durch ihre Arbeit mit ihren Fondsmanagern verspürte sie immer mehr den Drang, weiter zu wachsen und legte berufsbegleitend die Prüfung zum Immobilienfachwirt erfolgreich ab.

Dadurch beschloss sie im nächsten Schritt die nächsthöhere Karrierestufe in das Property Management zu gehen. Hier sammelte sie umfangreiche kaufmännische Erfahrungen im Management von Gewerbeimmobilien u.a. Büro, Einzelhandelsstandorte. Zu ihren Kunden zählten UBS, Fortress, German Arcon, Alstria und viele mehr.

2015 kam dann der Wunsch des Wechsels auf die Investmentseite. In ihren Funktionen war sie als Portfolio- und Asset Managerin für Fonds und private Anleger tätig und managte umfangreiche und großvolumige Immobilien u.a. für Büro und Einzelhandels-Immobilien.

Im Laufe Ihrer 18-jährigen Berufslaufbahn betreute sie Immobilienbestände, weit über einem Transaktionswert von 5 Mrd. € und baute sich parallel ihren eigenen privaten Immobilienbestand auf.

In den unterschiedlichen Arbeitsverhältnissen war sie für die jungen Mitarbeiter, Auszubildende, Trainees, Werkstudenten und Junior-Stellen zuständig und verantwortlich. Sie liebte diese Tätigkeit und entfaltete diese Leidenschaft als Führungskraft immer mehr.

2020 folgt sie ihrem Herzensthema, ihr eigenes Coaching-Business aufzubauen, um auch externen Kunden Unterstützung zu bieten. Sie hilft gerade auch Frauen, ihren Erfolgs- und Karriereweg selbst in die Hand zu nehmen und endlich durchzustarten. Sie zeigt, dass Business und Erfolg auch für Frauen möglich ist und welche Erfolgsfaktoren notwendig sind, um an seine Ziele zu kommen.

Ramona Perfetti steht für Begeisterung, Leidenschaft, Ehrgeiz und Durchhaltevermögen, eben eine echte Powerfrau!

„Eine Führungskraft mit Power, Leidenschaft und Empathie! Eine gestandene Frau mit Durchhaltevermögen und viel Energie."